Wie bei Luna

wie bei Luna

Lieblingsrezepte für jeden Tag

Ausgesucht von den Kindern der Villa Luna und aus dem Blog
„Die kleinen Feinschmecker“

Deutsche Erstausgabe 2017

Idee | Nicole Freitag
Gestaltung | Fabian Nowak
Lektorat | Thomas Krause, Krefeld (www.fehlerfrei.de)
Druck | KESSLER Druck + Medien GmbH & Co. KG

Besucht uns auch im Internet unter
www.die-kleinen-feinschmecker.de

ISBN 978-3-00-055950-1

Für meinen Mann Marcus und unsere Kinder Benedikt und Johanna.
Ohne ihre Liebe und Unterstützung hätte es dieses Buch nie gegeben.
Ich liebe Euch.

Was Ihr erwarten könnt.

100% QUALITY

Bloß nicht noch ein Kochbuch.

Eine gesunde und ausgewogene Ernährung spielt für uns als Eltern und damit auch für unsere Kinder eine immer wichtigere Rolle. Das Leben wird immer schneller. Arbeiten, Schule, Sport, Hausaufgaben, Freunde treffen. Die Tage und Wochen sind vollgepackt und man scheint oftmals kaum noch Zeit für sich selbst oder die Familie zu haben. Aus diesem Grund gibt es bei uns zu Hause eine wichtige Regel: „Die Mahlzeiten nehmen wir gemeinsam ein." Sofern möglich, bereiten wir die Mahlzeiten sogar gemeinsam zu und jeder hat seine Aufgabe. So haben wir die Möglichkeit, uns auszutauschen, zu besprechen und gemeinsam Zeit zu verbringen.

Jetzt stellt sich natürlich immer die Frage: „Was soll es heute zu essen geben?" Da zahlreiche Eltern regelmäßig vor dieser Frage stehen, hatten wir *die Idee:* ein Kochbuch.

Man könnte jetzt denken: „Gääääähn! Nicht noch eins." Und wenn wir ehrlich sind ... Kochbücher gibt es bereits wie Sand am Meer. Von veganer oder vegetarischer Ernährung über die Zubereitung von besonders saftigen Steaks bis hin zu spezialisierten Büchern über die Backkunst werden bereits viele – wenn nicht sogar alle – Themenbereiche abgedeckt. Doch leider sind die Gerichte oftmals sehr kompliziert und aufwendig in der Zubereitung. Ein noch größerer Nachteil an den meisten Rezepten aber ist: Die Gerichte schmecken zwar mir – doch was sagen meine Kinder dazu? Denn die schieben bei vielen Gerichten gerne mal das Grünzeug auf dem „Rote-Beete-Teppich" beiseite und schielen auf eine zweite Portion des Kartoffelpürees. Unser Kochbuch setzt genau da an. Denn jeden Tag Kartoffelpüree ist auch nicht das Wahre, oder?
Wir dachten uns: Warum nicht auf die Erfahrung anderer zurückgreifen? Von denen lernen, die wissen, wie es geht. Und wer wäre da besser geeignet als diejenigen, die täglich, 5 Tage die Woche, dem härtesten Testesser-Publikum ausgeliefert sind? Richtig – die Rede ist von den Köchen der Kindertagesstätten. Um genauer zu sein: den Köchen der Villa Luna, des Kindergartens meiner Kinder.

Unser Kochbuch bietet zusammengefasst also Folgendes: Erprobte Rezepte, leicht und schnell in der Zubereitung und vor allem: garantiert schmackhaft für Jung und Alt.

Warum ausgerechnet ich dieses Kochbuch schreibe.

Jetzt fragst Du Dich wahrscheinlich, wieso ausgerechnet ich mit der Villa Luna ein Kochbuch schreibe. Gute Frage! Ich hätte es nicht gemacht, wenn es ein derartiges Buch schon gegeben hätte. Das klingt hart, aber ich bin immer sehr ergebnisorientiert aufgestellt. Wenn ich etwas nicht kann oder mich nicht auskenne, dann suche ich mir Hilfe. Im Nachhinein muss ich sagen, hätte ich gewusst, wie viel Spaß mir dieses Kochbuch macht, hätte ich es schon viel früher geschrieben!

Wie ich werden viele Mamas und Papas von Kindergarten- und Schulkindern täglich vor die gleiche Herausforderung gestellt: Was kommt heute auf die Teller?

In der Regel lautete meine Antwort: *keine Ahnung*. Pfannkuchen oder Nudeln mit Käse, als Variante mit Tomatensauce. Okay, Rostbratwürstchen und Wienerwürstchen mit Ketchup gehen auch immer. Ausgewogene und abwechslungsreiche Ernährung sieht allerdings definitiv anders aus. Mal ganz davon abgesehen, dass ich durch meine fehlende Planung fast täglich im Supermarkt noch irgendetwas kaufen musste, was ich vergessen hatte. Immerhin, die Mitarbeiter im Supermarkt duzen mich jetzt. Entspannt ist das aber in keinem Fall, denn anstatt durch die Regale *zu wüten*, würde ich die Zeit lieber zu Hause mit meinen Kindern oder meinem Mann verbringen. Auch wenn ich berufstätig bin und Zeit oftmals das Einzige zu sein scheint, was es nicht ausreichend gibt, ist es mir wichtig, dass wir die Mahlzeiten gemeinsam zu uns nehmen. Natürlich lege ich ebenfalls großen Wert auf gesundes und frisch zubereitetes Essen. Ich sehe es als unsere Aufgabe als Eltern an, unseren Kindern neben vielen anderen Dingen, auch beizubringen, wie wichtig gesunde Ernährung und die Wertschätzung von Nahrungsmitteln ist. Es darf meiner Ansicht nach heutzutage nicht passieren, dass Kinder den Unterschied zwischen Orangen und Zitronen oder süß und sauer nicht kennen. Ihr meint, das gibt es nicht? Doch, das gibt es.

Bei unseren Nahrungsmitteln achte ich ganz besonders auf die Qualität, die Herkunft und natürlich die Frische. Wir machen beispielsweise Ausflüge zum Bauernhof, um die besten Äpfel zu finden oder gehen Erdbeeren pflücken, wenn endlich wieder Mai ist. Unser kleiner Garten wird gern auch mal zur Tomatenaufzuchtstation oder einem kleinen Kräuterparadies umfunktioniert. Der schöne Nebeneffekt ist, dass meine beiden Stadtkinder gleich auch ein wenig lernen, wie die Zutaten auf den Tisch kommen. Und ganz ehrlich … eine Himbeere, die es auf unserem Balkon zur Reife geschafft hat, ist sowieso die beste Himbeere der Welt.

Ich muss zugeben, dass bei uns zu Hause oftmals mein Mann kocht, und das, wie ich finde, *leider* sehr gut. Wieso leider? Ganz einfach, wir sind alle verwöhnt und meine Fähigkeiten waren – nett formuliert würde ich sagen – etwas eingeschlafen.

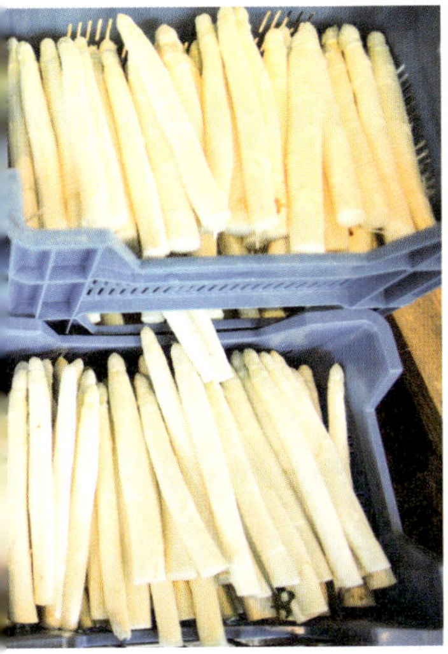

Da uns allen gesundes und schmackhaftes Essen aber sehr wichtig ist, soll es das natürlich auch an den Tagen geben, an denen mein Mann nicht zu Hause ist – oder keine Zeit oder Lust zum Kochen hat. Da er häufig beruflich unterwegs ist, kommt das auch immer öfter vor. Und da komme ich jetzt ins Spiel … Wir haben zahlreiche Kochbücher zu Hause. Ich habe sie alle gelesen und viele Rezepte ausprobiert. Bei zahlreichen meiner Versuche war dann allerdings oftmals das Einzige, was ich von meinen Kindern zu hören bekam: „In der Luna schmeckt es aber viel besser!“.

Mal ganz abgesehen davon, dass die meisten Rezepte aus Kochbüchern zwar meinen Mann und mich sehr ansprechen, aber nicht unbedingt kindgerecht oder zu aufwendig sind.

Da es meinen Kindern in der Villa Luna immer gut geschmeckt hat, habe ich über die Jahre einige Rezepte bei unserer Villa-Luna-Köchin *abgestaubt*. Bei Gesprächen mit anderen Eltern stellt sich immer wieder heraus, dass es ihnen wie mir geht. Insofern wurde es Zeit, ein Kochbuch mit Lieblingsgerichten der Villa Luna-Kinder zu schreiben – angereichert mit ein paar Rezepten, die ich erfolgreich meiner Familie gekocht habe.

Alle Rezepte, die Du in diesem Kochbuch findest, habe ich persönlich nachgekocht und fotografieren lassen. Ich habe die Rezepte auch so zu schreiben versucht, dass sie einfach nachzukochen sind und garantiert gelingen. Bei einigen Rezepten war das gar nicht so einfach, da die Mengenangaben der Köche logischerweise schon mal auf 100 Kinder ausgelegt waren. Auch die fehlenden Bilder haben es mir nicht immer einfach gemacht. Es hilft schon ungemein, wenn man weiß, wie ein Gericht am Ende aussehen soll. Ich habe den Köchen dann Fotos der fertigen Gerichte gesendet und sie haben mir mit *Daumen hoch* oder *Daumen runter* geantwortet. Jetzt gibt es für alle Rezepte hier im diesem Buch auch die passenden Bilder. So gelingt das Nachkochen noch einfacher.

Einige der Rezepte haben wir auch im Rahmen eines *Villa Luna-Kochkurses* ausprobiert und durch die Kinder testen lassen. Es hat nicht nur gut geschmeckt, wir hatten auch alle viel Spaß. Denn letztendlich ist doch das gemeinsame Essen die beste Zeit, um sich auszutauschen, etwas über seine Lieben, seine Freunde oder Verwandte zu erfahren oder einfach Zeit miteinander zu verbringen.

So, genug erzählt. Legt einfach los und probiert unsere leckeren Rezepte aus. Vergesst nicht: Es soll Spaß machen. Euch und Euren Kindern. Ich wünsche Euch schonmal einen guten Appetit!

Liebe Grüße
Eure Nicole

Die Idee hinter der Idee. Die erste Villa Luna.

Die Villa Luna wurde 2005 gegründet, da ich Kindern und Eltern eine individuellere und flexiblere Betreuung ihrer Kinder bieten wollte, um die Vereinbarkeit von Beruf und Familie zu verbessern. Zu wenige Erzieher oder Pädagogen, starre Öffnungszeiten und Schließung in den Ferien, ermöglichten es zahlreichen Eltern nicht, entsprechend ihrem Beruf nachzugehen. Kinder konnten aufgrund zu großer Gruppen nicht individuell betreut werden oder das Angebot konnte eben nicht individuell gestaltet werden. Essen wurde meist angeliefert und entsprach nicht meinen Ansprüchen. Gerne hätte ich es für meine Kinder anders gehabt, aber ich wollte es zumindest anderen Familien ermöglichen. Angefangen hat alles mit der ersten Villa Luna in Düsseldorf-Bilk. Nach und nach folgten weitere Einrichtungen in ganz Deutschland. Mittlerweile gibt es die Villa Luna bereits in 8 Städten in ganz Deutschland. Wir betreuen Kinder von der Krippe bis zur Einschulung.

Da zu dem Wohlbefinden der Kinder natürlich auch eine gesunde Ernährung gehört, gibt es in jeder Villa Luna einen Koch oder eine Köchin. Die Köche und Köchinnen stellen jede Woche neue, gesunde und abwechslungsreiche Wochenpläne für die Kinder zusammen, wobei die Lieblingsgerichte der Kinder natürlich immer mal wieder ihren Platz auf dem Wochenplan finden. Regelmäßig bereiten die Kinder gemeinsam Snacks für die Gruppe zu, um auch hierbei ihre Erfahrungen machen zu können. So schaffen es beispielsweise auch zahlreiche Obstschmetterlinge, die die Kinder in der Kita gelernt haben, auf den Elterntisch am Wochenende, wenn die Kinder zeigen, was auch sie schon kochen können.

Über die Jahre haben zahlreiche Eltern unsere Köche nach ihren Rezepten und Tipps gefragt. Insbesondere die Königsberger Klopse scheinen bei den Kindern gut anzukommen. Insofern freue ich mich, Ihnen in diesem Buch die gesammelten Lieblingsrezepte unserer Kita-Kinder zur Verfügung zu stellen.

Viel Spaß und gutes Gelingen.
Dr. Jürgen Reul *(Inhaber Villa Luna)*

Unsere Chefköche und Co-Autoren

Silvia Birlodeanu – Villa Luna Aachen

Ich bin die Köchin des Kindergartens Villa Luna in Aachen. Alle Kinder und Kollegen nennen mich bei meinem Vornamen Silvia. Vor 10 Jahren habe ich meine Leidenschaft, das Kochen, zu meinem Beruf gemacht. Seitdem gehöre ich zum Team Villa Luna Aachen. Ich freue mich immer wieder, dass es den lieben Kindern und netten Kollegen jeden Tag schmeckt.

Oliver „Olli" Runkel – Villa Luna Düsseldorf

Ich bin seit Anfang 2014 festes Mitglied in der Villa Luna und lasse meiner Kreativität freien Lauf. Ich achte darauf, die Mahlzeiten abwechslungsreich, gesund und lecker zu gestalten. Zu meiner Freude besuchen mich die Kinder regelmäßig in der Küche und machen meine Arbeit dadurch umso schöner.

Günther Res – Villa Luna Berlin

Ich lebe seit 1974 mit ungebremster Freude in Berlin-Kreuzberg. Meine Wurzeln liegen im Land der Brezel, was mich nicht abhalten konnte, die Kehrwoche hinter mir zu lassen, um mich von der damaligen Mauerstadt inspirieren zu lassen. Schon von klein auf faszinierten mich Töpfe, Pfannen und alles, was mit dem Kochen und Backen zu tun hatte. Auf vielen Auslandsreisen vertiefte ich mein bis dahin erworbenes Wissen, um das Geheimnis des Zubereitens von Speisen zu lüften. Nach vielen Jahren als selbstständiger Gastronom arbeitete ich in den letzten 11 Jahren als Catering-Manager. Was mir besonders am Herzen liegt, ist eine gesunde Ernährung aus frischen Zutaten für unsere kleinen Erdenbürger.

Heike Nitz – Villa Luna Düsseldorf-Bilk

Ich bin seit 2014 für die frische Zubereitung des Mittagessens zuständig. Was mir ganz besonders am Herzen liegt, ist eine gesunde Ernährung aus frischen Zutaten für unsere Kleinen. Ich freue mich, mein Wissen und meine Erfahrung bei der Villa Luna einbringen zu können.

Gruppe

S

P

E

U P

N

Kürbissuppe mit Käsestangen

30 Minuten
Einfach
4 Personen

Für die Suppe
700 g Hokkaido-Kürbis
300 g Möhren
1 Zwiebel
100 g Knollensellerie
600 ml Gemüsebrühe
250 ml Sahne
Zucker

Für die Käsestangen
ca. 250 g Blätterteig
2 Eier
100 g fein geriebenen Gouda
Salz, Pfeffer

Den Kürbis waschen und mit Schale grob würfeln. Möhren und Zwiebeln schälen und ebenfalls grob würfeln.

Öl in einem Topf erhitzen und die Zwiebelwürfel mit dem Sellerie und den Möhren hinzugeben und ein paar Minuten anschwitzen. Den Kürbis hinzugeben und weiter anschwitzen. Mit der Brühe ablöschen und ca. 15–20 Minuten weichkochen.

In der Zwischenzeit eine Scheibe Blätterteig auf ein Brett legen. Die Eier verquirlen und mit einem Pinsel das Quadrat bestreichen. Mit dem Gouda bestreuen, dann, beispielsweise mit einem Pizzaschneider, in 4 bis 5 Streifen schneiden.

Mit Daumen und Zeigefinger jeweils an den Enden des Streifens fassen und entgegengesetzt drehen bis es eine Spirale ergibt. Den Vorgang wiederholen, bis man ca. 15 Streifen hat. Die Käsestangen auf ein mit Backpapier ausgelegtes Blech legen und im vorgeheizten Ofen *(bei ca. 180–200 °C)* 10 Minuten backen, bis die Stangen braun sind.

Wenn das Gemüse der Suppe weich ist, alles mit dem Pürierstab pürieren und mit der Sahne auffüllen.

Gegebenenfalls mit Salz, Pfeffer und einer Prise Zucker nachwürzen.

Gericht der Villa Luna Düsseldorf

Kartoffel-Creme-Suppe mit Würstchen

30 Minuten
Einfach
4 Personen

1 kg Kartoffeln
1 Bund Suppengemüse
1 Zwiebel
1–1,5 l Gemüse- oder Hühnerbrühe
200 ml Sahne
2 Wiener Würstchen
1 Prise Muskatnuss
Salz, Pfeffer

Die Kartoffeln schälen und in grobe Stücke schneiden.

Das Suppengemüse waschen und in grobe Würfel schneiden. Die Zwiebel schälen und ebenfalls in grobe Stücke schneiden. In einem Topf Pflanzenöl erhitzen und das Gemüse mit den Zwiebeln gut anschwitzen.

Die Suppe kochen, bis das Gemüse weich ist. In der Zeit könnt Ihr schon mal die Würstchen in mundgerechte Stücke schneiden. Sobald das Gemüse weich ist, alles mit einem Pürierstab fein pürieren und dann mit Sahne abschmecken. Nicht gleich die ganze Sahne hinzugeben, lieber nach und nach, bis es Euch schmeckt. Jetzt gebt Ihr die Würstchen in die Suppe und lasst sie kurz noch etwas ziehen, damit sie warm werden.

Mit Salz, Pfeffer und einer kleinen Prise Muskat abschmecken.

Mein Tipp

Wenn es schneller gehen soll, wärmt Ihr die Würstchen schon mal in warmem Wasser auf, während die Suppe kocht. Aber nicht kochen, sonst platzen sie – das sieht nicht so schön aus.

Blumenkohl-Kokos-Creme-Suppe

45 Minuten
Einfach
4 Personen

1,5 kg Blumenkohl
1 Zwiebel
250 g festkochende Kartoffeln
150 g Möhren
5 EL Pflanzenöl
1 l Gemüsebrühe
400 ml Kokosmilch
½ Bund glatte Petersilie
Salz, Pfeffer

Den Blumenkohl putzen und in kleine mundgerechte Röschen teilen. Ungefähr 150 g vom Blumenkohl zur Seite legen – dies dient später mit den Mohrrüben als Einlage für die Suppe.

Die Zwiebel in feine Ringe schneiden. Die Kartoffeln schälen und in dünne Scheiben schneiden. Die Möhren schälen und in feine Streifen schneiden.

3 EL Öl in einem genügend großen Topf erhitzen. Die Zwiebeln, Blumenkohlröschen und die Kartoffeln andünsten und leicht salzen. Mit Gemüsebrühe ablöschen und leicht köcheln lassen. Dann die restliche Brühe und die Kokosmilch hinzufügen und bei mittlerer Hitze ca. 20 Minuten garkochen lassen.

Die zur Seite gestellten Blumenkohlröschen und die Mohrrüben ca. 6 Minuten, mit etwas Pflanzenöl, bei nicht so starker Hitze in einer Pfanne braten, bis das Gemüse gar ist. Mit Salz und Pfeffer abschmecken.

Die Suppe mit einem Pürierstab sämig verarbeiten, so dass alles schön fein püriert ist. Mit Salz und Pfeffer abschmecken.

Mit der Möhren-Blumenkohlmischung und Petersilie anrichten. Es sei denn, Eure Kinder mögen keine grünen Blätter in Suppen, dann lasst einfach die Petersilie weg.

Gericht der Villa Luna Düsseldorf

Möhren-Creme-Suppe mit Vollkorn-Croutons

30 Minuten
Einfach
4 Personen

Für die Suppe
700 g Möhren
300 g Kartoffeln
50 g Zwiebel
1 l Gemüse- oder Hühnerbrühe
150 ml Sahne
10 g Schmand
Pflanzenöl
Salz, Pfeffer

Für die Croutons
250 g Vollkornbrot

Möhren-Creme-Suppe
Kartoffeln und Möhren schälen, die Zwiebel ebenfalls schälen und würfeln. Zunächst gebt Ihr etwas Olivenöl in einen Topf und dünstet die Zwiebeln, bis sie schön glasig sind.

Kartoffeln und Möhren hinzufügen und mit der Brühe auffüllen und garen.

Sobald das Gemüse gar ist, die Suppe fein pürieren, Sahne, Schmand und Gemüsebrühe dazugeben und mit Salz und Pfeffer abschmecken.

Croutons
Das Vollkornbrot in Scheiben schneiden und im Toaster knusprig toasten. Anschließend in Würfel schneiden und zur Suppe reichen.

Gericht der Villa Luna Hannover

Einfache Hühnersuppe

2 ½ Stunden
Einfach
4 Personen

1 kg frisches Huhn
2 ½ TL gekörnte Gemüsebrühe
1 Stange Lauch
¼ Knollensellerie
3 Möhren
½ Bund Petersilie
1 Lorbeerblatt
Salz, Pfeffer
Zucker
Reis

Das Huhn unter fließendem Wasser abspülen. Einen großen Topf nehmen, das Huhn hineinlegen und ihn mit ca. 6 l Wasser füllen, so dass das Huhn auf jeden Fall mit Wasser bedeckt ist.
Lauch, Sellerie, eine Mohrrübe und Petersilie waschen, putzen und grob schneiden. Das Gemüse mit der gekörnten Brühe zum Huhn hinzugeben und mit Salz und Pfeffer würzen. Alles aufkochen lassen. Anschließend bei geschlossenem Deckel und kleiner Hitze ca. 1 ½ Stunden köcheln lassen.

Danach das Huhn herausnehmen und ca. 30 Minuten abkühlen lassen. Entfernt auch das zerkochte Gemüse. Sollte zu viel Fett in der Brühe sein, könntet Ihr etwas davon abschöpfen.

Während das Huhn auskühlt, schält Ihr die restlichen Mohrrüben und schneidet sie in dünne, mundgerechte Scheiben. Kocht die Mohrrüben für ca. 15 Minuten mit etwas Zucker, bis sie bissfest sind.

Gleichzeitig könnt Ihr die Einlage vorbereiten. In der Villa Luna Berlin ist es meist Reis, es gehen aber natürlich auch Glas- oder andere Nudeln.

Das Huhn nach der Abkühlzeit von der Haut befreien und das Fleisch von den Knochen trennen. Jetzt schneidet Ihr das Hühnerfleisch in mundgerechte Stücke und gebt sie in die Suppe. Kurz noch mal aufkochen und vor dem Servieren die Einlage und die Mohrrüben hineingeben, damit sie kurz noch mit aufwärmen.

MEIN TIPP Anstatt Reis könnt Ihr natürlich auch Glasnudeln oder andere Nudeln wie z.B. ABC- oder Zahlennudeln nehmen.

Süßkartoffel-Suppe

30 Minuten
Einfach
4 Personen

1 Zwiebel
1 Knoblauchzehe
1 kg Süßkartoffeln
1 l Gemüse- oder Hühnerbrühe
100 ml Sahne
100 g Bacon
2 EL Öl
Salz, Pfeffer
Pinien- oder Kürbiskerne
Ciabatta oder Baguette

Die Süßkartoffeln schälen und in grobe Würfel schneiden. Die Zwiebel und die Knoblauchzehe fein hacken und mit den Süßkartoffeln und etwas Öl in einem Topf andünsten. Anschließend mit der Brühe aufgießen. Jetzt alles 15 Minuten köcheln lassen, bis die Süßkartoffeln gar sind.

Während dieser Zeit bratet schon mal den Speck schön knusprig und röstet die Pinien- oder Kürbiskerne.

Sobald die Süßkartoffeln gar sind, püriert die Suppe mit dem Stabmixer schön fein und fügt die Sahne hinzu. Erneut kurz die Suppe aufkochen lassen.

Mit dem Speck und den Pinien- oder Kürbiskernen anrichten.
Meine Kinder mögen zu solchen Suppen immer noch klein gewürfelte getoastete Baguette- oder Ciabatta-Würfel.

Gericht von „Die kleinen Feinschmecker"

Brokkoli-Creme-Suppe

30 Minuten
Einfach
4 Personen

1 kg Brokkoli
100 g Kartoffeln
1 Zwiebel
1 Knoblauchzehe
1 l Gemüse- oder Hühnerbrühe
150 ml Sahne
Olivenöl
Salz, Pfeffer

Den Brokkoli abspülen und die Röschen abschneiden. Von dem Strunk das harte Ende entfernen und den Rest in Stücke schneiden. Den Brokkoli in kochendem Salzwasser ca. 30 Sekunden blanchieren.

Die Kartoffeln schälen und in grobe Würfel schneiden. Die Zwiebel und den Knoblauch schälen und in feine Würfel schneiden.

Etwas Öl in einer Pfanne erhitzen und darin die Zwiebeln glasig dünsten. Den Knoblauch kurz hinzufügen und ebenfalls glasig dünsten.

Die Kartoffeln hinzufügen und kurz mitdünsten. Mit der Brühe aufgießen und so lange kochen, bis die Kartoffeln gar sind. Den Brokkoli hinzufügen und kurz mitkochen.

Püriert die Suppe mit dem Pürierstab und fügt die Sahne hinzu.
Mit Salz und Pfeffer abschmecken und noch einmal kurz aufkochen lassen.

MEIN TIPP

Wenn ihr einige Brokkoli-Röschen zurückhaltet und nicht mit püriert, habt ihr eine schöne Einlage.

Gericht der Villa Luna Düsseldorf und Hannover

Gazpacho mit Wassermelone

20 Minuten
Einfach
4 Personen (als Vorspeise)

1 rote Paprikaschote
1 kleine rote Zwiebel
300 g Tomaten
300 g Wassermelone (ohne Kerne)
1 kleine Knoblauchzehe
2 EL Olivenöl
2 EL Weißwein-Essig
2 EL Limettensaft
4 EL Pinienkerne
Salz, Pfeffer
Baguette

Die Paprika schälen, entkernen und in grobe Stücke schneiden. Die Zwiebel, die Wassermelone und die Tomaten ebenfalls grob würfeln.

Paprika, Zwiebel, Tomaten, Knoblauch und Wassermelone mit dem Stabmixer fein pürieren. Essig und Limettensaft hinzufügen und mit Salz und Pfeffer abschmecken.

Die Pinienkerne in einer Pfanne ohne Fett anrösten, bis sie goldbraun sind. Nicht weggehen, die brennen sonst an.

Die Suppe jetzt in Gläsern anrichten und mit dem Olivenöl beträufeln. Zum Abschluss die Pinienkerne darüber streuen.

Dazu passt prima etwas getoastetes Baguette.

Eigentlich wollte ich noch kleine Mozzarella-Kugeln auf einen kleinen Spieß stecken und über das Glas legen. Das hätte mit Sicherheit nicht nur gut ausgesehen, sondern auch gut geschmeckt. Aber mein Sohn hat alle Mozzarella-Kugeln vor dem Fotografieren aufgegessen.

MEIN* TIPP *Mozzarella klein schneiden und in das Glas als weiße Spots legen. Dann müssen die Kleinen die Mozzarella-Stückchen mit dem Löffel herausholen und merken dabei, wie lecker die Suppe ist.*

Gericht von „Die kleinen Feinschmecker"

Erbsensuppe mit Minze und Speck

30 Minuten
Einfach
4 Personen

500 g Erbsen *(tiefgekühlt)*
800 ml Hühner- oder Gemüsebrühe
6 dünne Scheiben Speck
1 kleine Zwiebel
100 ml Sahne
2 EL Butter
1 Hand voll frische Minzblätter
Salz, Pfeffer

Die Zwiebel klein schneiden und in einem Topf in der Butter anschwitzen. Nach ca. 2 Minuten die Minze kurz mitanschwitzen und die Erbsen und die Hühnerbrühe hinzufügen. Alles zusammen aufkochen lassen. Die Suppe bei geringerer Temperatur ca. 15 Minuten köcheln lassen und die Sahne hinzufügen.

Während die Suppe köchelt, die Speckscheiben in einer Pfanne auslassen, bis der Speck schön knusprig ist. Sobald er fertig ist, könnt Ihr den Speck auf einen Teller mit einem Krepppapier legen und dadurch überschüssiges Fett auffangen.

Die Suppe wird anschließend fein püriert und mit Salz und Pfeffer abgeschmeckt. Da die Suppe mit Speck gegessen wird, müsst Ihr beim Salzen aufpassen, damit es hinterher in der Kombination nicht zu viel ist.

MEIN TIPP

Dazu schmeckt Ciabatta oder Baguette – am besten getoastet. Wer mag, kann auch noch jeweils einen Klecks Schmand auf die Suppe im Teller geben. Sieht nicht nur gut aus, sondern schmeckt auch noch gut.

Gericht von „Die kleinen Feinschmecker"

F

S

H

I

C

Lachs aus dem Ofen

45 Minuten
Einfach
4 Personen

Für Lachs mit Blattspinat
750 g Lachs
500 g Blattspinat *(tiefgekühlt)*
1 Knoblauchzehe
1 kleine Zwiebel

Für Lachs mit Kartoffelpüree
750 g Lachs
Baguette
1 kg festkochende Kartoffeln
25 g Butter
250 ml Milch
400 g Brokkoli und/oder
Blumenkohl *(tiefgekühlt)*
50 g Mandelblättchen
1 Prise Muskatnuss

Für dieses Gericht fangt Ihr am besten mit dem Spinat an. Ich verwende am liebsten tiefgekühlten Spinat. Natürlich könnt Ihr auch frischen Spinat nehmen. Den tiefgekühlten Spinat bereitet Ihr auf jeden Fall nach Anleitung zu.

Während der Spinat gart, kümmert Ihr Euch um den Fisch. Nachdem Ihr den Fisch unter Wasser gesäubert und mit einem Küchentuch abgetrocknet habt, salzt und pfeffert ihr ihn von allen Seiten. Anschließend schlagt Ihr den Fisch locker in Alufolie ein.

Den Ofen auf 160 Grad Umluft vorheizen und den Fisch darin ca. 25 Minuten garen. Die Garzeit hängt von der Dicke des Fisches ab, daher solltet Ihr ab und zu mal nach dem Garpunkt schauen.

In der Zwischenzeit könnt Ihr die Knoblauchzehe und die Zwiebel sehr fein würfeln und in Butter andünsten. Den Spinat hinzufügen und ca. 5–10 Minuten weiterdünsten. Mit Salz und Pfeffer würzen und mit dem Fisch servieren.

Alternativ mit Kartoffelpüree, Brokkoli und Blumenkohl
Aus den Kartoffeln, Milch, Butter, Muskatnuss, Salz und Pfeffer ein cremiges Kartoffelpüree herstellen.

Die Mandelblättchen in einer Pfanne kurz etwas anrösten, bis sie goldbraun sind.

Die Brokkoli-Röschen gefroren in kochendes Salzwasser geben. Kurz erneut aufkochen lassen und dann ca. 6–8 Minuten auf mittlerer Stufe mit Deckel schonend garen.

Alles zusammen mit dem Fisch anrichten.

MEIN TIPP *

Hierzu passt jeweils auch gut unsere Sahnesauce. Diese findet ihr auf S. 163

Backfisch mit Pommes und Erbsen-Minz-Püree

45 Minuten
Einfach
4 Personen

Für den Backfisch
600 g weißes Fischfilet
(wie z.B. Zander oder Kabeljau)
250 g Mehl
(plus etwas Mehl zum Bemehlen)
0,3 l alkoholfreies Bier
2 EL Backpulver
Salz, Pfeffer
Pflanzenöl zum Frittieren

Für die Pommes
1 kg festkochende Kartoffeln
Salz

Für das Erbsen-Minz-Püree
250 g Erbsen
(tiefgekühlt)
1 Hand voll Minze
20 g Butter
50 ml Sahne
Salz, Pfeffer

Die Kartoffeln schälen und in möglichst gleichgroße Stifte schneiden. Jetzt die Kartoffelstifte in kochendem Salzwasser ca. 8 Minuten kochen, so dass sie nahezu fertig, aber noch stabil sind. Jetzt lasst Ihr sie in Ruhe auskühlen, bis es mit dem Frittieren losgeht.

Während die Kartoffeln kochen, gebt Ihr die Erbsen und die Minze mit der Butter in einen Topf und lasst sie dort ca. 15 Minuten dünsten. Sobald die Erbsen fertig sind, könnt Ihr sie fein pürieren und mit Salz und Pfeffer abschmecken. Je nach Konsistenz gebe ich manchmal noch etwas Sahne hinzu.

Das Fischfilet unter Wasser abspülen und mit einem Küchentuch abtupfen. Prüft die Filets sicherheitshalber noch einmal auf Gräten und entfernt diese, falls Ihr doch noch welche findet.

Beide Seiten der Filets salzen, pfeffern und kurz ruhen lassen.

Mehl, Backpulver und Bier in eine Schüssel geben und mit dem Schneebesen ca. 5 Minuten verrühren.

Den Fisch in Mehl wenden und danach durch die Teigmischung ziehen, damit er schön von allen Seiten bedeckt ist.

Bevor Ihr jetzt den Fisch in einer Fritteuse oder Pfanne frittiert, würde ich die Pommes in dem Fett frittieren und bei 160 Grad Umluft warm stellen, bis der Fisch fertig ist.

Anschließend den Fisch in einer Fritteuse oder Pfanne schön knusprig frittieren, bis er goldbraun ist.

Jetzt so schnell wie möglich servieren, damit es auch knusprig auf den Tisch kommt.

Gericht von „Die kleinen Feinschmecker"

Fischstäbchen mit Quinoa-Kruste

30 Minuten
Einfach
4 Personen

600 g weißes Fischfilet
50 g Quinoa gepufft
(oder Quinoa-Flakes)
Mehl zum Panieren
2 Eier
Salz, Pfeffer
Pflanzenöl

Für den Dip
100 g griechischer Joghurt
1 TL Mayonnaise
1 TL Limettensaft
Salz, Pfeffer

Den Fisch abspülen und mit einem Küchentuch etwas abtrocknen. Sicherheitshalber solltet Ihr das Fischfilet noch mal auf Gräten überprüfen. Jetzt schneidet Ihr den Fisch in möglichst gleichgroße Streifen und würzt die Streifen mit Salz und Pfeffer.

Jetzt den Fisch in Mehl wenden und anschließend durch die verquirlten Eier ziehen und zum Schluss in der Quinoa wenden, damit es eine schöne *„Panade"* ergibt.

Eine Pfanne mit Pflanzenfett vorheizen und die Fischstäbchen darin von allen Seiten gold-braun braten und so schnell wie möglich servieren.

Dazu könnt Ihr zum Beispiel einen Dip aus Joghurt machen. Dazu einfach den Joghurt mit der Mayonnaise und dem Limettensaft verrühren und anschließend mit Salz und Pfeffer abschmecken.

Schmetterlingsnudeln mit Zucchini und Lachs

30 Minuten
Einfach
4 Personen

300 g Schmetterlingsnudeln
1 kleine grüne Zucchini
1 kleine Zwiebel
1 Knoblauchzehe
200 g Lachs
150 ml Sahne
Olivenöl
Salz, Pfeffer

Die Schmetterlingsnudeln nach Packungsanweisung in reichlich Salzwasser garen.

Die Zucchini waschen und in mundgerechte Würfel schneiden. Die Zwiebel und den Knoblauch abziehen und fein würfeln.

Die Zucchini in einer Pfanne mit etwas Olivenöl ca. 3 Minuten andünsten und dann die Zwiebel und den Knoblauch dazugeben – das Ganze ca. 1 Minute weiterdünsten. Anschließend mit der Sahne ablöschen und noch kurz einkochen lassen. Die Sauce mit Salz und Pfeffer würzen.

Während das Gemüse dünstet, den Lachs unter fließendem Wasser abspülen und mit einem Küchentuch trocken tupfen. Anschließend salzt und pfeffert Ihr ihn von allen Seiten. Nun lasst Ihr den Lachs bei 100 Grad für 8–10 Minuten im Dampfgarer dämpfen. Alternativ geht das natürlich auch in einem Dampfaufsatz vom Thermomix oder mit Hilfe eines Dampfeinsatzes für einen Topf.

Die Schmetterlingsnudeln und den Lachs grob zerkleinert in die Pfanne geben, unterheben und servieren.

Gericht von „Die kleinen Feinschmecker"

Winterkabeljau mit Kartoffelgemüse

45 Minuten
Mittelschwer
4 Personen

4 Winterkabeljaufilets mit Haut *(ungefähr 500 g)*
1 Schalotte
40 g Butter
1 Knoblauchzehe
200 ml Hühnerbrühe
150 g festkochende Kartoffeln
1 Zweig Thymian
Salz, Pfeffer
Olivenöl

Die Kartoffeln schälen und in mundgerechte Würfel schneiden.

Die Schalotte und die Knoblauchzehe fein würfeln. Beides bei mittlerer Hitze anschwitzen und mit der Hühnerbrühe ablöschen. Die Kartoffelwürfel und den Thymian hinzufügen und garen, bis sie bissfest sind. Mit Salz und Pfeffer abschmecken und den Thymianzweig entfernen.

Die Fischfilets unter fließendem Wasser abspülen, trocken tupfen und mit Salz und Pfeffer würzen. Etwa 2 EL Olivenöl in die Pfanne geben und heiß werden lassen. Die Fischfilets jetzt auf der Hautseite ca. 3 Minuten braten. Anschließend wenden und noch mal kurz auf der anderen Seite ca. 1 Minute braten.

Den Fisch auf dem Kartoffelgemüse anrichten und servieren.

Gericht von „Die kleinen Feinschmecker"

N

D

L

U

E

N

Spinatlasagne

60 Minuten
Einfach
4 Personen

750 g Spinat *(tiefgekühlt)*
2 Knoblauchzehen
1 Zwiebel
150 g Kräuterfrischkäse
250 g Hüttenkäse,
körniger Frischkäse oder Ricotta
100 g frisch geriebener Parmesan
1 Packung Lasagne-Blätter
(ca. 8 Blätter)
Körnige Brühe
Olivenöl
Salz, Pfeffer

Den Spinat auftauen und abtropfen lassen. Knoblauch und Zwiebeln abziehen, fein würfeln und in etwas Olivenöl andünsten, bis sie glasig sind. Anschließend den Spinat dazugeben. Mit dem Kräuterfrischkäse verrühren und mit der Brühe, Salz und Pfeffer abschmecken.

Eine eckige Auflaufform mit Butter ausstreichen und erst eine Lage Spinat und etwas Hüttenkäse hineinfüllen. Dann mit den Lasagne-Blättern belegen. Das Ganze je nach Größe der Auflaufform wiederholen. Zum Abschluss benötigt Ihr auf jeden Fall eine ausreichende Lage Hüttenkäse, die Ihr mit Parmesan bestreut.

Die Spinatlasagne jetzt bei 180 Grad Umluft auf der mittleren Schiene im Ofen ca. 30 Minuten garen, bis der Käse oben schön goldbraun ist.

MEIN TIPP

Ihr könnt statt Hüttenkäse auch Béchamelsauce nehmen. Das Rezept hierfür findet Ihr bei den Saucen.

Gericht der Villa Luna Düsseldorf

Makkaroni Carbonara

30 Minuten
Einfach
4 Personen

ca. 400 g Makkaroni
2 Eigelb
1 Ei
80 g geriebener Parmesan
100 g Speck oder Pancetta
Salz, Pfeffer

Die Makkaroni nach Packungsanleitung in gut gesalzenem Wasser kochen.

Zwei Eier trennen und davon die Eigelbe und den geriebenen Parmesan mit Salz und Pfeffer in einer Schüssel verrühren. Den Pancetta in Würfel oder kleine Scheiben schneiden und in einer Pfanne ausbraten.

Sobald die Nudeln fertig sind, werden sie abgegossen. Hebt etwas von dem Nudelwasser auf und gebt ca. 5 EL Nudelwasser mit den Nudeln in eine Pfanne.

Bei kleiner Hitze wird jetzt die Ei-Parmesan-Masse untergerührt, bis das Ei etwas fester wird. Den Pancetta unter die Nudeln heben und anrichten.

Gericht von „Die kleinen Feinschmecker"

Cannelloni mit Spinatfüllung

60 Minuten
Mittel
4 Personen

150 g Cannelloni
750 g Spinat *(tiefgekühlt)*
1 Zwiebel
1 Knoblauchzehe
125 g Schmand
Pflanzenöl
700 ml passierte Tomaten
50 g geriebenen Parmesan
(oder Emmentaler)
gekörnte Brühe
Muskat
Salz, Pfeffer

Für die Spinatfüllung die Zwiebel und den Knoblauch fein hacken. In einer Pfanne etwas Öl erhitzen und darin die Zwiebeln glasig dünsten. Knoblauch hinzufügen und noch kurz weiterdünsten lassen.

Den aufgetauten und nach Anleitung zubereiteten und abgetropften Spinat ein wenig klein hacken und mit dem Schmand in die Pfanne geben. Das Ganze etwa 5 Minuten bei kleiner Flamme garen und mit Salz und Pfeffer würzen.

Den Spinat in die Cannelloni füllen und in eine gefettete Auflaufform legen.

Die passierten Tomaten in einem Topf erhitzen und mit Salz, Pfeffer und ein wenig gekörnter Brühe abschmecken. Die Tomatensauce auf die Cannelloni gießen, den Käse über den Auflauf streuen und die Cannelloni im vorgeheizten Backofen bei 160 °C Umluft 45 Minuten garen.

Gericht der Villa Luna Aachen

Das Pesto-Rezept findet Ihr bei den Saucen auf Seite 161.

Gnocchi mit Pesto

45 Minuten
Einfach
4 Personen

1 kg festkochende Kartoffeln
500 g Magerquark
2 EL Hartweizen-Grieß
8 EL Kartoffelstärke
(oder Kartoffelmehl)
4–5 EL Mehl
Salz
Muskatnuss

Die Kartoffeln ca. 25 Minuten kochen, bis sie gar sind, und dann ein wenig auskühlen lassen. Die Kartoffeln dann lauwarm pellen und durch die Kartoffelpresse in eine Schüssel drücken.

Am besten verknetet Ihr jetzt die Kartoffelmasse mit dem Magerquark, dem Grieß, dem Kartoffelmehl und dem Mehl. Mit Salz und Muskatnuss abschmecken.

Aus diesem Teig formt Ihr jetzt die Gnocchi. Wir mögen am allerliebsten die Gnocchi als kleine Klößchen. Klassische Gnocchi würde man jetzt noch mit der Gabel eindrücken. Das hängt ganz von Euren Vorlieben ab.

Die kleinen Klößchen gebt Ihr dann in kochendes Salzwasser und schaltet die Hitze etwas runter. Nach kurzer Zeit kommen die Gnocchi nach oben. Je nach Größe Eurer Klößchen lasst Ihr sie jetzt noch einmal ca. 2 Minuten in dem siedenden Wasser ziehen. Am besten dann mal kurz probieren, damit Ihr wisst, ob sie durch sind. Mit einer Schaumkelle nehmt Ihr die fertigen Gnocchi aus dem Wasser und verarbeitet sie weiter – zum Beispiel zu leckeren Gnocchi mit Pesto.

Dafür einfach die warmen Gnocchi mit Eurem Pesto vermischen, mit frisch geriebenem Parmesan bestreuen und servieren.

Das Rezept der Gnocchi ist übrigens von meinem Vater und gehört zu den Lieblingsrezepten unserer kleinen Familie. *Danke Papa für das tolle Rezept!*

Gericht von „Die kleinen Feinschmecker"

Käsespätzle mit Apfelmus

60 Minuten
Mittelschwer
4 Personen

500 g Mehl
250 ml Wasser
3 mittelgroße Zwiebeln
300 g geriebener Käse
(z.B. Emmentaler)
750 g Apfelmus
Pflanzenöl
Salz

Für den Teig die Eier, das Mehl, das Öl und reichlich Salz mit dem Knethaken verrühren. Je nach Größe der Eier das Wasser so zugeben, dass Ihr einen zähflüssigen Teig bekommt.

Die Zwiebeln schälen und in dünne Ringe schneiden. Die Zwiebelringe in etwas Fett goldbraun anbraten oder je nach Geschmack rösten und zur Seite stellen.

In der Zwischenzeit das Salzwasser zum Kochen bringen. Dann den Teig löffelweise am besten in eine Spätzlepresse geben und in das kochende Wasser drücken. Man kann die Spätzle natürlich auch klassisch vom Brett schaben. Das ist nicht gerade einfach, aber auch nicht unmöglich. Wir haben zum Beispiel auch keine Spätzlepresse.

Die Spätzle kommen nach sehr kurzer Verweilzeit im Wasser wieder hoch. Dann nehmt Ihr sie mit einem Sieblöffel aus dem Wasser und gebt sie in eine bereitstehende Schüssel. Zwischendurch etwas von dem geriebenen Käse untermischen, damit er sich gut verteilt.

Jetzt die Spätzle in einer großen Schüssel auf den Tisch stellen. Den Apfelmus und die Zwiebeln dazu anbieten – so dass sich jeder seine eigene Zusammenstellung machen kann.

Bei Käsespätzle helfen meine beiden immer besonders gerne mit. :)

Gericht der Villa Luna Düsseldorf

Penne mit Brokkoli und Ricotta

30 Minuten
Einfach
4 Personen

500 g Brokkoli
ca. 400 g Penne
2 EL Mandelblättchen
100 g Ricotta
1 Knoblauchzehe
1 Schalotte
50 g Parmesan
Olivenöl
Salz, Pfeffer

Die Brokkoli-Röschen mundgerecht abschneiden, abspülen und in kochendem Salzwasser ca. 5 Minuten kochen. Anschließend schreckt Ihr den Brokkoli mit sehr kaltem Wasser ab, damit er nicht weitergart und schön grün bleibt.

Die Mandelblättchen werden in der Pfanne leicht angeröstet. Sobald sie schön goldbraun sind, nehmt Ihr sie aus der Pfanne, damit sie nicht zu dunkel werden.

Die Penne nach Anleitung garen, so dass sie noch bissfest sind. Während die Nudeln garen, schneidet Ihr den Knoblauch und die Schalotte sehr fein. Anschließend könnt Ihr dann auch schon mal den Parmesan reiben.

Wenn die Nudeln fertig sind, haltet Ihr noch etwas von dem Nudelwasser zurück – das brauchen wir gleich noch.

Jetzt das Olivenöl in die Pfanne geben, den Knoblauch und die Schalotte leicht anschwitzen. Brokkoli, Nudeln, etwas Nudelwasser und Ricotta hinzufügen und mit Salz und Pfeffer abschmecken. Noch schnell die Mandelblättchen hinzufügen und anrichten. Mit Parmesan bestreuen und servieren.

Gericht von „Die kleinen Feinschmecker"

Tagliatelle à la Genovese

45 Minuten
Einfach
4 Personen

200 g Drillinge
1 Hand voll grüne Bohnen *(aufgetaute TK-Bohnen)*
ca. 400 g Tagliatelle
Parmesan
Pfeffer

Für dieses Gericht benötigt Ihr das Pesto, das Ihr bei unseren Saucen findet.

Während Ihr das Pesto zubereitet, kocht Ihr am besten bereits die Drillinge ca. 20 Minuten und schneidet sie im Anschluss in mundgerechte Stücke.

Die aufgetauten Bohnen in ausreichend gesalzenem Wasser ca. 10 Minuten bissfest garen.

Die Tagliatelle nach Anleitung in ausreichend gesalzenem Wasser kochen. Bei mir dauert das in der Regel 8 Minuten. Jetzt in einer Schüssel die abgegossenen Nudeln, die Bohnen und die Kartoffeln mit Eurem Pesto verrühren. Auf die Teller geben und mit Parmesan anrichten.

Gericht von „Die kleinen Feinschmecker"

Spaghetti à la casa

45 Minuten
Einfach
4 Personen

1 Zwiebel
1 EL Tomatenmark
500 g passierte Tomaten
100 ml Olivenöl
Zucker nach Bedarf
1 Bund frischer Salbei
4 Knoblauchzehen
ca. 400 g Spaghetti
100 g geriebener Parmesan

Zwiebeln in feine Würfel schneiden und in einem Topf mit etwas Olivenöl anschwitzen. Dann das Tomatenmark dazugeben und mit etwas Zucker karamellisieren lassen.

Jetzt die passierten Tomaten hinzufügen, mit Salz und Pfeffer abschmecken und köcheln lassen.

Den Salbei waschen und die Stiele entfernen. Die Knoblauchzehen in dünne Scheiben schneiden.

100 ml Olivenöl auf ca. 160 Grad in der Pfanne erhitzen. Sobald das Öl heiß genug ist, den Salbei hinzufügen und kurz frittieren lassen, bis er schön knusprig ist. Den Salbei herausnehmen und auf Küchenpapier das überflüssige Fett abtropfen lassen. In das gleiche Öl jetzt den in Scheiben geschnittenen Knoblauch einfügen und ebenfalls frittieren, bis er knusprig ist. Danach den Knoblauch ebenfalls auf das Küchentuch geben.

Für die Nudeln das Wasser aufsetzen und ausreichend salzen. Ich mache meistens zu wenig rein, weil ich Angst habe, zu viel zu salzen. Daher am besten sogar das Kochwasser abschmecken.

Wenn das Wasser der Nudeln kocht, Salz hinzufügen und die Nudeln nach Anleitung kochen. Parmesan nach Bedarf reiben.

Wenn die Nudeln fertig sind, gemeinsam mit der Tomatensauce anrichten und je nach Geschmack mit Salbei, Knoblauch und Parmesan verfeinern.

MEIN TIPP

Macht mehr Tomatensauce und friert den Rest ein. Dann habt ihr immer leckere Tomatensauce im Haus.

Gericht von „Die kleinen Feinschmecker"

Opas Nudelauflauf

60 Minuten
Einfach
4 Personen

Für den Nudelauflauf
500 g Nudeln
(z.B. Fussili)
200 g Fleischwurst oder Schinken
200 g geriebener Käse
(z.B. Emmentaler)
4 Eier
200 g Schmand
100 g Butter
½ Bund Frühlingszwiebeln
(sofern Eure Kinder die mögen)
50–100 g Semmelbrösel
Salz, Pfeffer

Für die Beilage
100 g Frischkäse
250 g Speisequark

Die Nudeln kochen und ein wenig abkühlen lassen. Aus den 4 Eiern bereitet Ihr Rührei zu und stellt es zur Seite.

Die Wurst oder den Schinken in Würfel oder Scheiben schneiden. Die Frühlingszwiebeln in kleine Ringe schneiden.

Eine Auflaufform mit etwas Butter ausfetten. Jetzt wird geschichtet. Die erste Schicht bilden Nudeln, gefolgt von Fleischwurst oder Schinken. Dann ein wenig von den Frühlingszwiebeln, geriebenem Käse, etwas Ei, Salz, Pfeffer und Schmand. Je nach Größe der Auflaufform wiederholt Ihr das Ganze ein- oder zweimal. Die letzte Schicht sollte auf jeden Fall aus Nudeln bestehen. Auf diese Nudeln verteilt Ihr gleichmäßig, aber nicht zu dick die Semmelbrösel und Butterflocken.

Der Auflauf kommt jetzt bei 160 Grad für ca. 35–40 Minuten in den vorgeheizten Backofen. Wenn der Käse mit den Semmelbröseln schön knusprig goldbraun geworden ist, ist der Auflauf fertig.

Während der Auflauf im Backofen ist, vermischt Ihr den Speisequark mit dem Frischkäse und stellt ihn auf den Tisch. Die Kombination aus dem knusprigen Nudelauflauf mit der Quark- und Frischkäsebeilage schmeckt einfach fantastisch.

Ihr müsst aufpassen, dass am Ende auch noch was übrig bleibt. :)

Gericht von „Die kleinen Feinschmecker"

Gnocchipfanne

45 Minuten
Mittelschwer
4 Personen

2 mittelgroße Zucchini
3 große Möhren
150 ml Sahne
100 ml Hühnerbrühe
800 g Gnocchi
(s. Rezept bei Gnocchi mit Pesto)
2 EL Olivenöl
Salz, Pfeffer
etwas frisches Basilikum

Das Rezept für die Gnocchi findet Ihr bei den *Gnocchi mit Pesto* auf Seite 56. Die müsst Ihr zuerst vorbereiten.

Für diese leckere Gnocchipfanne werden die Mohrrüben und die Zucchini geschält und mit dem Sparschäler in etwas dickere Streifen geschnitten.

Das Basilikum wird nur kurz abgespült.

Jetzt Olivenöl in einer Pfanne erhitzen und die Gemüsestreifen bei mittlerer Hitze etwa 5 Minuten anbraten und mit der Hühnerbrühe ablöschen. Anschließend die Sahne zu dem Gemüse geben und mit Salz und Pfeffer abschmecken.

Anschließend werden die vorbereiteten Gnocchi in die Sahnesauce zu dem Gemüse hinzugegeben und kurz noch einmal erwärmt.

Zuletzt hebt Ihr das Basilikum vorsichtig unter und schon könnt Ihr servieren.

Gericht der Villa Luna Berlin

Tagliatelle mit Bolognese

15 Minuten plus 3 Stunden
Einfach
4 Personen

ca. 400 g Tagliatelle
1 kg Bio-Hackfleisch
(halb und halb)
2 mittlere Zwiebeln
1 Knoblauchzehe
3 mittlere Mohrrüben
1 EL Tomatenmark
1 EL Zucker
0,2 l Hühnerbrühe
700 g pürierte Tomaten
1 TL Oregano
Olivenöl
Salz
Pfeffer
etwas frisches Basilikum

Die Zwiebeln, den Knoblauch und die Mohrrüben klein hacken und in Olivenöl anschwitzen. Wenn das Gemüse glasig ist, Tomatenmark und Zucker hinzufügen und ebenfalls kurz anschwitzen lassen. Dann das Hackfleisch hinzufügen und gründlich anbraten.

Mit der Hühnerbrühe ablöschen, das Tomatenpüree hinzufügen und mit Salz, Pfeffer und Oregano abschmecken.

Die Bolognese jetzt für ca. 3 Stunden auf kleiner Flamme köcheln lassen und regelmäßig umrühren.

Wenn sie schön eingedickt ist, könnt Ihr sie noch mal final abschmecken.

Anschließend kocht Ihr die Tagliatelle in ausreichend Salzwasser nach Anleitung und richtet die Nudeln mit Eurer Bolognese und dem Parmesan an.

MEIN TIPP

Diese Sauce eignet sich am ersten Tag perfekt für Nudeln Bolognese. Den Rest könnt Ihr dann einfrieren und für spätere Tage nutzen oder auch für eine leckere Lasagne.

Gericht von „Die kleinen Feinschmecker"

F

E

S

L

I

CH

Königsberger Klopse mit Möhrensalat

45 Minuten
Einfach
4 Personen

Für die Klopse
500 g Rinderhackfleisch
1 große Zwiebel
3 Eier
1 EL Butter
4 EL Semmelbrösel
1 l Gemüsebrühe
Salz, Pfeffer

Für die Sauce
3 EL Butter
2 EL Mehl
200 g Sahne
35 g Kapern
Zitronensaft oder Essig
(nach Geschmack)

Für den Möhrensalat
500 g Möhren
50 ml Zitronensaft
50 ml Pflanzenöl
2 EL Honig
1 TL Zucker
Salz, Pfeffer
Zimt

Für die Klopse
Die Zwiebel in Butter andünsten. Hackfleisch mit Eiern, angedünsteten Zwiebeln, Semmelbröseln mischen. Mit Salz und Pfeffer würzen.

Die Gemüsebrühe zum Kochen bringen und in der Zeit kleine Klopse formen und anschließend in der leicht köchelnden Brühe garen.

Aus Mehl und Butter eine Mehlschwitze erstellen. Das Rezept hierfür findet Ihr bei den Saucen. Die Mehlschwitze mit ca. 0,5 l der Brühe von den Klopsen aufgießen. Mit Sahne, Zitronensaft oder Essig, Salz und Pfeffer abschmecken.

Die Klopse vorsichtig in die Sauce geben. Kapern hinzufügen und weiterköcheln lassen.

Dazu passt Reis oder Kartoffelpüree.

Für den Möhrensalat
Die Möhren raspeln. Aus Zitronensaft, Rapsöl, Honig, Zimt, Zucker, Salz und Pfeffer ein Dressing zubereiten und mit den Möhren vermengen.

MEIN TIPP

Meine Kinder mögen keine Kapern, zumindest nicht zu Hause. Ich mach dann einfach immer zwei Versionen, mit und ohne Kapern, da für mich einfach Kapern zu diesem Gericht dazugehören.

Gericht der Villa Luna Düsseldorf, Aachen und Hannover

Kartoffel-Möhrenstampf mit Frikadellen

45 Minuten
Einfach
4 Personen

Für die Frikadellen
500 g Hackfleisch
1 Brötchen oder Toastbrot
(in etwas Milch eingeweicht)
oder Semmelbrösel
1 Ei
1 Zwiebel
½ Bund Petersilie
1 EL Senf
Salz, Pfeffer
Pflanzenfett zum Braten

Für den Kartoffel-Möhrenstampf
500 kg Kartoffeln
400 g Möhren
1 Zwiebel
250 ml Gemüsebrühe
Salz, Pfeffer
1/2 Bund Petersilie
Majoran
Pflanzenöl

Für die Frikadellen
Die Zwiebel in feine Würfel schneiden, das eingeweichte Brötchen oder einfach Semmelbrösel, Hackfleisch, Ei und Senf gut durchmischen. Salz, Pfeffer und die Petersilie dazugeben.

Nun mit feuchten Händen die Frikadellen formen und in einer Pfanne mit dem Bratfett braten, bis sie knusprig goldbraun geworden sind. Wenn man allerdings den Möhrenstampf dazu machen möchte, dann die Frikadellen erst braten, wenn die Kartoffeln und Möhren kochen.

Für den Kartoffel-Möhrenstampf
Die Kartoffeln und Möhren schälen und grob würfeln. Die Zwiebel in feine Würfel schneiden.

Einen großen Topf mit etwas Öl erhitzen. Möhren, Kartoffeln und die Zwiebeln in dem erhitzten Topf einige Minuten anschwitzen. Mit der Gemüsebrühe ablöschen und aufgießen.

Alle übrigen Zutaten bis auf die Petersilie hinzugeben und ca. 20 Minuten köcheln lassen.

Inzwischen werden die Frikadellen in einer Pfanne goldbraun gebraten.

Den Sud in einem Behälter separat auffangen. Die Kartoffeln und die Möhren bis zur gewünschten Konsistenz mit dem Kartoffelstampfer zerdrücken; für mehr cremige Konsistenz einfach immer ein wenig Sud hinzufügen. Petersilie fein schneiden und unter den Kartoffel-Möhrenstampf mischen, sofern Ihre Kinder das mögen. Mit Salz, Pfeffer, Zucker und Majoran abschmecken.

Gericht der Villa Luna Düsseldorf

Hähnchengulasch mit Champignons, Reis und Kopfsalat

30 Minuten
Einfach
4 Personen

Für den Salat
1 Kopfsalat
1 EL Zitronensaft
Zucker
Rapsöl

Für das Hähnchen
500 g Hähnchenbrustfilet
200 g Champignons
150 ml Sahne
350 ml Brühe
30 g Mehl
Salz, Pfeffer
300 g Reis
(z.B. Basmatireis)

Die Champignons in mundgerechte Scheiben schneiden. Den Reis ganz normal nach Anleitung aufsetzen.

Die Hähnchenbrustfilets in gleich große Stücke schneiden und in Öl anbraten, bis sie fast gar sind. Aus der Pfanne nehmen und kurz ruhen lassen.

In der Zwischenzeit eine Mehlschwitze erstellen. Wie Ihr eine Mehlschwitze erstellt, findet Ihr hinten bei den Saucen. In die Pfanne, in der das Geschnetzelte gebraten wurde, die Brühe und die Sahne geben. Kurz aufkochen lassen und dann die Mehlschwitze einrühren und erneut aufkochen lassen. Die Champignons und das Fleisch hinzufügen und mit Salz und Pfeffer abschmecken.

Den gewaschenen Kopfsalat zerpflücken. Aus Zitronensaft, Öl und Zucker ein Dressing erstellen und unter den Salat heben.

Das Hähnchengulasch mit dem Reis und Salat anrichten.

MEIN TIPP

Statt Reis nimmt der Koch der Villa Luna Hannover auch gern mal Spätzle.

Plant noch etwas Zeit zum Marinieren ein.

Hähnchen-Sticks

30 Minuten
Einfach
4 Personen

500 g Hähnchenbrustfilet
100 g Semmelbrösel
(oder Panko-Mehl)
5 EL frisch geriebener Parmesan
1 Ei
Pfeffer

Für die Marinade
200 ml Buttermilch
1 TL Sojasauce
1 kleine Knoblauchzehe
1 TL Paprika-Pulver
Pflanzenöl

Die Hähnchenbrust in dünne Scheiben schneiden und ca. 1 Stunde in der Buttermilch, der Sojasauce und dem Knoblauch einlegen.

Das Ei in einer Schüssel verquirlen und die Hähnchenbrust darin wälzen. Anschließend im Panko oder in den Semmelbröseln wälzen und auf ein mit Backpapier ausgelegtes Backblech legen.

In einer tieferen Pfanne, z.B. einer Wokpfanne, ausreichend Pflanzenöl erhitzen und die Hähchen-Sticks darin goldbraun ausbacken. Die Hähnchen-Sticks müssen fast in dem Pflanzenöl schwimmen. Je nach der dicke Eurer Streifen, brauchen sie jeweils ca. 4–5 Minuten.

Unsere Kinder mögen dazu am liebsten Ketchup.

MEIN TIPP

Ich mag Panko noch lieber als Semmelbrösel, da es noch knuspriger und feiner ist. Das bekommt Ihr zum Beispiel in japanischen Supermärkten.

Hähnchenbrust mit Bulgur und Brokkoli

30 Minuten
Einfach
4 Personen

500 g Hähnchenfilet
200 ml Sahne
300 g Brokkoli
300 g Bulgur
2 EL Butter
1 EL Mehl
Salz, Pfeffer

Den Bulgur nach der Anleitung auf der Packung mit Wasser zubereiten.

Den Brokkoli säubern, die Röschen abschneiden und in kochendem Salzwasser bissfest garen. Anschließend unter kaltem Wasser abduschen, damit sie nicht die Farbe verlieren.

Währenddessen die Hähnchenfilets in Streifen schneiden, in Öl anbraten und aus der Pfanne nehmen. In die Pfanne die Sahne geben und aufkochen lassen. Aus Butter und Mehl eine Mehlschwitze erstellen und dann in die Sahne geben. Erneut einmal aufkochen lassen und das Fleisch wieder hinzufügen.

Jetzt das Fleisch mit der Sauce, Bulgur und Brokkoli anrichten und servieren.

MEIN TIPP *

Wie so eine Mehlschwitze geht, erfahrt ihr bei den Saucen auf Seite 162.

Asiatische Hühnerspieße mit Erdnuss-Sauce und Reis

30 Minuten
Einfach
4 Personen

500 g Hähnchenbrustfilet
150 ml Kokosmilch
20 g Erdnüsse
100 g Erdnussbutter
3 TL Sojasauce
2 TL Limettensaft
300 g Reis
(z.B. Basmatireis)
Holzspieße
Salz, Pfeffer
Sesamöl
Pflanzenöl

Die Hähnchenbrustfilets in möglichst gleich dicke längliche Streifen schneiden.

Aus 2 EL Sojasauce, 2 EL Sesamöl, 50 ml Kokosmilch und 1 TL Limettensaft wird eine Marinade erstellt. Die Hähnchenstreifen werden in einer Schale gut mit der Marinade vermischt und für mindestens eine Stunde im Kühlschrank mariniert. In dieser Zeit könnt Ihr die Sauce vorbereiten und den Reis kochen.

Der Reis wird am besten nach Anleitung zubereitet, während die Hühnchenstreifen noch kurz marinieren.

Für die Erdnuss-Sauce die Erdnüsse zerkleinern und mit der Erdnussbutter, der restlichen Kokosmilch, 1 TL Limettensaft und 1TL Sojasauce verrühren und nach Geschmack noch mal mit den Zutaten abschmecken.

Wenn die Filetstreifen schön mariniert sind, werden sie längs auf die Holzspieße gesteckt. Jetzt wird etwas Pflanzenöl in einer Pfanne erhitzt, worin die Hähnchenspieße gegart werden.

Mit dem Reis und der Erdnuss-Sauce anrichten.

Plant noch etwas Zeit zum Marinieren ein.

Knuspriges Hähnchen mit Süßkartoffel Pommes

90 Minuten
Mittelschwer
4 Personen

1,5 kg Bio-Hähnchen
500 g Süßkartoffeln
Stärke
Pflanzenöl zum Frittieren
Salz

Das Hähnchen gründlich waschen und von außen mit Salz gut einreiben.

Damit das Hähnchen von allen Seiten schön knusprig wird, setzt das Hähnchen auf einen Hähnchenhalter oder einfach auf eine Cola- oder andere Dose. Vorher die Dose oder den Hähnchenhalter zur Hälfte mit Wasser füllen. Diese Hähnchenhalter gibt es von vielen verschiedenen Firmen.

Jetzt in den auf 160 Grad vorgeheizten Ofen stellen – bei Heißluft für ca. 90 Minuten. Wenn die Haut schön knusprig ist, ist das Hähnchen fertig. Bevor Ihr es aber anschneidet, lasst es noch einmal kurz 5 Minuten auf einem Brett liegen, damit es schön saftig bleibt.

Während das Hähnchen im Ofen ist, die Süßkartoffeln abwaschen, schälen und in Stifte schneiden. Jetzt die Pommes in der Stärke wälzen, so dass sie dünn mit Stärke benetzt sind.

Ca. 10 Minuten bevor das Hähnchen fertig ist, in einem Topf das Pflanzenöl erhitzen und darin die Süßkartoffeln 5–8 Minuten bei ca. 160 Grad frittieren.

Die Dauer hängt von der Dicke Eurer Stifte ab. Wenn die Süßkartoffel Pommes fertig sind, legt sie kurz auf einen Teller mit Krepppapier. So kann das überflüssige Öl abtropfen. Jetzt salzt die Süßkartoffel Pommes.

Sowohl Hähnchen als auch die Süßkartoffel Pommes müssen schnell gegessen werden, sonst verlieren sie ihre Knusprigkeit. Also gerade bei diesem Gericht gilt ein Spruch meines Vaters ganz besonders: *Die Gäste warten auf das Essen und nicht umgekehrt. ;-)*

MEIN TIPP

Wenn Ihr mögt, könnt Ihr das Hähnchen mit z.B. Rosmarin füllen, dann bekommt es noch mal eine besondere Note.

Centrifuge

Hackbraten mit Parmesankruste

90 Minuten
Mittelschwer
4 Personen

Für die Parmesankruste
400 g festkochende Kartoffeln
100 ml Milch
2 Eigelb
50 g geriebenen Parmesan

Für den Hackbraten
600 g gemischtes Hackfleisch
2 Mohrrüben
2 Stangen Staudensellerie
1 mittelgroße Zwiebel
1 Knoblauchzehe
2 Eier
2 EL mittelscharfen Senf
1 Msp edelsüßes Paprikapulver
200 g Frühstücksspeck
2 Schalotten
100 ml Sahne
100 ml Brühe
100 ml Milch
2 ältere Brötchen
Muskatnuss
Salz, Pfeffer

Die Kartoffeln schälen und in Salzwasser ca. 20 Minuten weichkochen. Die Kartoffeln mit etwas Milch und 2 EL Butter stampfen, bis Ihr einen schönen Kartoffelbrei habt. Der darf nur nicht zu cremig werden. Mit Salz, Pfeffer und einer Prise Muskatnuss abschmecken und die zwei Eigelbe und den geriebenen Parmesan hinzufügen und noch mal nachschmecken. Dann erst mal zur Seite stellen.

Jetzt zerkleinert Ihr schon mal die Brötchen und legt sie in lauwarme Milch, damit die für nachher etwas aufquellen.

Mohrrüben und Sellerie waschen, schälen und in sehr kleine Würfel schneiden. Ich mache das immer mit dem Zerkleinerer meines Stabmixers, das geht schneller und wird schön fein. Da das Gemüse hinterher in das Hackfleisch kommt und die Kinder es nicht merken sollen, muss es sehr klein sein. Das Gleiche macht Ihr mit der Zwiebel und dem Knoblauch.

Butter oder Pflanzenöl in der Pfanne erhitzen und den Knoblauch und die Zwiebel darin glasig dünsten. Mohrrüben und Sellerie hinzufügen und noch mal ca. 5 Minuten garen. Im Anschluss etwas Salz hinzugeben und in einer Schüssel zur Seite stellen, damit das Gemüse etwas auskühlt.

Heizt den Backofen auf 210 Grad (Umluft) vor. Während dieser nämlich aufheizt, vermischt Ihr das Hackfleisch mit 2 Eiern, dem Gemüse, Salz, Pfeffer, 1 großen EL Senf, dem Paprikapulver und den eingeweichten zerkleinerten Brötchen.

Eine feuerfeste Form (ca. 28 cm x 20 cm) mit Öl einfetten und die Speckscheiben quer nebeneinander hineinlegen. Die Speckscheiben werden der Boden und die Seitenteile des Hackbratens. Jetzt formt Ihr nämlich die Hackmischung zu einem länglichen, brotähnlichen Braten und fügt sie in die Mitte Eurer Speckstreifen ein. Die Speckstreifen hochklappen, damit die Seiten vom Speck ummantelt sind. Die Schalotten schält Ihr und legt sie ebenfalls geviertelt neben Euren Hackbraten. Die sind nachher für den Geschmack in der Sauce.

Den Braten für ca. 45 Minuten auf mittlerer Schiene in den Ofen geben. Nach 15 Minuten auf 190 Grad herunterschalten und 100 ml Wasser hinzufügen. Nach 45 Minuten nehmt Ihr den Braten kurz aus dem Ofen und verteilt die Kartoffel-Parmesanmasse auf dem Hackbraten. Noch mal 100 ml Wasser dazugeben und das Ganze ca. 10 Minuten mit der Grillfunktion schön Farbe bekommen lassen.

Nehmt dann den Hackbraten aus dem Ofen und aus der Form und legt ihn vorsichtig in Alufolie.

Die Sauce aus der Form streicht Ihr jetzt durch ein Sieb, gebt Sahne, etwas Brühe, Salz und Pfeffer hinzu und lasst sie aufkochen und etwas einreduzieren.

Den Hackbraten in Scheiben schneiden und mit der Sauce anrichten. Bei uns gab es dazu Feldsalat.

Ich weiß, das ist ein aufwendiges Rezept, sieht lang aus und Ihr braucht viele Zutaten … aber es lohnt sich wirklich. Und wenn ich es schaffe, klappt es bei Euch auch.

Plus eventuell Vorbereitung der Kartoffeln am Tag vorher.

Leberkäse mit Spiegelei und Bratkartoffeln

40 Minuten
Einfach
4 Personen

500 g Leberkäse-Brät
(vom Metzger)
800 g festkochende Kartoffeln
2 Zwiebeln
4–6 Eier
Gewürzgurken
Butterschmalz
Salz, Pfeffer

Das Leberkäse-Brät bekommt man heutzutage bei fast allen Metzgern in einer Aluschale zu kaufen. Es wird dann einfach in der Aluschale bei 160 Grad Umluft für ca. 40 Minuten in den vorgeheizten Ofen gestellt, bis es eine goldgelbe Farbe hat.

Wir essen dazu gerne Bratkartoffeln mit Spiegelei und Gewürzgurken.
Für Bratkartoffeln hat sicherlich jede Familie ihr eigenes Rezept. Hier ist unseres:

Die Kartoffeln am Vortag säubern und in Salzwasser ca. 20 Minuten garkochen. Im Anschluss abgießen und über Nacht kühl stellen. Am nächsten Tag die Kartoffeln pellen und mit einem scharfen Messer in nicht zu dünne Scheiben schneiden. Die Zwiebeln würfeln.

Ca. 1 El Butterschmalz in einer ausreichend großen und beschichteten Pfanne erhitzen. Hierin die Kartoffeln bei mittlerer Hitze knusprig braten. Die Kartoffeln zwischendurch wenden. Nicht rühren, denn sonst zerfallen sie und sehen nicht mehr so schön aus.

Wenn die Kartoffeln schon knusprig sind, einfach etwas zur Seite schieben. In der Pfanne dann die Zwiebeln mit ½ El Butterschmalz glasig braten.

Jetzt die Kartoffeln und Zwiebeln vorsichtig mischen und mit Salz und Pfeffer abschmecken. Parallel dazu die Spiegeleier braten.

Den Leberkäse in Scheiben schneiden und mit Bratkartoffeln, Spiegelei und Gewürzgurken servieren.

MEIN TIPP
Wenn etwas von dem Leberkäse übrig bleibt, kann man ihn dünn als Aufschnitt aufschneiden. Wenn ihr dazu keine Bratkartoffeln machen wollt, schmeckt der Leberkäse natürlich auch toll in einem Brötchen mit oder ohne Spiegelei.

Leckerer Wurstsalat

Plus 30 Minuten zum Durchziehen.

30 Minuten
Einfach
4 Personen

150 g Bergkäse
300 g Lyoner Wurst
1 kleine Salatgurke
1 rote Zwiebel

Für das Dressing
5 EL Apfelessig
1 TL mittelscharfer Senf
1 TL scharfer Senf
1 TL Meerrettich
6 EL Pflanzenöl
Zucker
Salz, Pfeffer

Den Käse und die Lyoner in dünne Scheiben schneiden. Die Gurke schälen und halbieren. Mit Hilfe eines Teelöffels die Kerne herausschälen und anschließend ebenfalls in dünne Scheiben schneiden. Die Zwiebel wird geschält, halbiert und ebenfalls in dünne Scheiben geschnitten. Jetzt alles in eine Schüssel geben.

Für das Dressing mischt Ihr die Zutaten, schmeckt mit Salz, Pfeffer und Zucker ab und gebt noch ca. 6 EL Wasser hinzu. Nun hebt das Dressing unter die Zutaten in der Schüssel und lasst alles mindestens 30 Minuten im Kühlschrank ziehen. Dann müsst Ihr noch mal abschmecken bzw. nachwürzen.

Für das Foto haben wir Petersilie über den Salat gestreut … unsere Kinder haben in der Regel keine Petersilie auf ihrem Teller, da sie die immer noch nicht mögen.

*** MEIN TIPP**

Der Wurstsalat schmeckt mit geröstetem Brot, aber fast noch besser mit Bratkartoffeln.

VE
E T
I S

G

A R

CH

Kartoffelmoussaka

60 Minuten
Einfach
4 Personen

400 g gemischtes Hackfleisch
1 Zwiebel
1 kg Kartoffeln
0,1 l Milch
1 Paprika
1 Aubergine
400 g passierte Tomaten
100 ml Pflanzenöl
100 g geriebener Emmentaler
125 g Schmand
Muskatnuss
Salz, Pfeffer

Die Aubergine in Scheiben schneiden und jeweils auf beiden Seiten etwas salzen und kurz auf einem Küchentuch beiseite stellen.

Für die Kartoffelmoussaka die Kartoffeln kochen und mit Milch ein Püree herstellen. Mit Salz, Pfeffer und Muskat abschmecken.

Zwiebeln und Paprika würfeln und zusammen kurz anbraten. Dann fügt Ihr das Hackfleisch hinzu und bratet alles zusammen weiter an. Anschließend den Schmand mit den passierten Tomaten zur Masse geben und mit Salz und Pfeffer würzen.

Die Auberginen mit einem Küchentuch abwischen und kurz in einer separaten Pfanne mit Öl anbraten.

Eine Auflaufform mit etwas Butter einfetten.

Das Kartoffelpüree und das Hackfleisch werden jetzt schichtweise in die Auflaufform gegeben, wobei Ihr mit dem Püree anfangt, gefolgt vom Hackfleisch. Dann wieder Püree usw. Abschließend werden die Auberginenscheiben auf den Auflauf gelegt und mit dem geriebenen Käse bestreut.

Die Moussaka wird bei 175 Grad Umluft ca. 25 Minuten im vorgeheizten Ofen überbacken.

Couscous-Salat mit Gemüse und Minzjoghurt

20 Minuten
Einfach
4 Personen

500 g Couscous
600 ml Wasser
2 EL Brühe
1 gelbe Paprika
5 Tomaten
1 Salatgurke
1 Lauchzwiebel
140 g Mais
1 Hand voll Minzblätter
1 kleines Bund glatte Petersilie

Für die Vinaigrette
200 ml Pflanzenöl
100 ml Essig
(z.B. weißer Balsamico-Essig)
2 EL Senf
4 EL Honig
Salz, Pfeffer

Den Essig mit dem Senf, dem Honig und jeweils einer Prise Salz und Pfeffer mixen und mit dem Öl auffüllen.

Von der Minze die Blätter in kleine, feine Würfel schneiden und mit dem Joghurt verrühren, eine Prise Salz dazugeben.

Den Couscous in ein flaches Gefäß geben, Wasser aufkochen und mit 2 EL Brühe verrühren. Die Brühe auf den Couscous verteilen und ca. 10 Minuten quellen lassen. Das Gemüse waschen. Paprika und Tomaten in feine Würfel schneiden. Die Salatgurke schälen und halbieren. Mit einem Teelöffel die Kerne herausschaben.
Die Lauchzwiebel wird in kleine, sehr feine Streifen geschnitten.

Nach dem Quellvorgang den Couscous mit den Händen durchwühlen, bis er schön locker ist. Das Gemüse, die Vinaigrette sowie die Petersilie und die Minze unterheben.

MEIN TIPP

schmeckt lauwarm im Winter, aber auch kalt im Sommer.

Spanische Tortilla

45 Minuten
Einfach
4 Personen

500 g kleine festkochende Kartoffeln
6 Eier
100 g Champignons
4 Frühlingszwiebeln
Olivenöl
Salz, Pfeffer
Kümmel und Majoran
(nach Geschmack)

Als Erstes müsst Ihr die Kartoffeln garkochen, pellen und in mundgerechte Scheiben schneiden.

Frühlingszwiebeln putzen und den hellen Teil klein schneiden. Die Champignons in kleine Würfel schneiden.

Etwas Olivenöl in der Pfanne erhitzen und die Frühlingszwiebeln, die Kartoffeln und die Pilze anbraten. Sobald die Kartoffeln leicht gebräunt sind, die Eier in einer größeren Schüssel gut mit einer Gabel verrühren. Jetzt den Inhalt der Pfanne in die Schüssel mit dem Ei geben und alles unterheben, damit die Zutaten mit dem Ei benetzt sind.

Die Pfanne mit einem Tuch säubern und mit etwas Olivenöl erneut erhitzen.

Hierbei ist es wichtig, dass Ihr eine beschichtete Pfanne verwendet.

Die Kartoffel-Eier-Pilz-Masse in die Pfanne geben und alles bei milder Hitze mit Deckel stocken lassen.

Sobald die Eiermasse oben leicht gestockt ist, die Masse wenden. Das geht am besten mit Hilfe eines Tellers, auf den Ihr die Tortilla-Masse kippt, und diese dann einfach wieder zurück in die Pfanne geben. Wenn jetzt die Eier der Tortilla von beiden Seiten gestockt sind, lasst sie noch ca. 20 Minuten ruhen, damit sie beim Servieren nicht zerbricht. Eigentlich isst man die ja sowieso kalt.

MEIN TIPP

Wer mag, und natürlich wenn die Kinder es mögen, könnt Ihr die Tortilla mit Kräutern wie Petersilie und Schnittlauch verfeinern oder auch mit klein geschnittenem Speck oder Schinken. Dazu passt zum Beispiel ein schöner Tomatensalat.

Gemischter Salat mit Himbeerdressing, Rösti und Kräuterquark-Dip

35 Minuten
Einfach
4 Personen

1 Kopfsalat
(z.B. Lollo Rosso, Bionda oder einfacher Eisbergsalat)
100 g Mais
1 Möhre
300 g Tomaten
1 halbe Salatgurke

Für den Dip
300 g Quark
100 g Joghurt
Salz, Pfeffer
Schnittlauch und Petersilie

Für das Dressing
8 EL Essig
12 EL Pflanzenöl
2 EL Honig
8 EL Wasser
150 g Himbeeren

Für die Rösti
500 g festkochende Kartoffeln
1 Ei
2 EL Mehl
Salz, Pfeffer

Den Salat waschen und kleinzupfen. Die Möhre schälen und grob reiben. Die Tomaten kleinschneiden, die Gurke entkernen und in mundgerechte Würfel schneiden.

Alle Zutaten für den Salat miteinander vermengen.

Für das Dressing Essig, Honig, Wasser und die Himbeeren mit einer Prise Salz mixen und mit dem Öl auffüllen. Im Anschluss das Dressing durch ein feines Sieb passieren und damit den Salat marinieren.

Den Quark und Joghurt miteinander verrühren und mit Salz und Pfeffer abschmecken. Sofern es Eure Kinder mögen, fügt jeweils 2 EL gehackte Petersilie und geschnittenen Schnittlauch hinzu.

Für die Rösti die Kartoffeln reiben, mit Salz und Pfeffer würzen und mit 2 EL Mehl vermengen. Das Ei hinzufügen. In einer Pfanne nacheinander die Rösti von beiden Seiten braten.

MEIN TIPP Zum Röstiteig können auch gerne noch Zucchini oder Möhren dazugeraspelt werden.

Kichererbsen-Salat mit frischer Minze und Basilikum

30 Minuten
Einfach
4 Personen

500 g Kichererbsen aus der Dose
1 kleine rote Zwiebel
250 g kleine Tomaten
1 Zitrone
1 Hand voll frische Minze
1 Hand voll frisches Basilikum
150 g Feta-Käse
Salz, Pfeffer
Olivenöl

Okay, das Rezept mögen bestimmt nicht alle Kinder. Aber einen Versuch ist es wert, denn der Salat schmeckt wirklich toll.

Die Kichererbsen abspülen und abtropfen lassen.

Die Zwiebel in feine Würfel schneiden. Die Tomaten in grobe, aber mundgerechte Stücke schneiden. Den Feta-Käse ebenfalls in kleine Würfel schneiden. Die Zitrone auspressen.

Zwiebel, Tomaten, Kichererbsen und den Saft der Zitrone mit Olivenöl vermischen und mit Salz und Pfeffer würzen. Das Ganze kurz ziehen lassen.

Die Minze und das Basilikum hacken und mit dem Feta-Käse zu dem Salat geben. Nochmals abschmecken und servieren.

Gericht von „Die kleinen Feinschmecker"

Gemüsetaler mit Kräuterquark

45 Minuten
Einfach
4 Personen

150 g Möhren
100 g Sellerie
100 g Kohlrabi
2 kleine Zwiebeln
Paniermehl
Olivenöl
Salz, Pfeffer

Für den Quark
500 g Speisequark
100 ml Sahne
½ Bund Schnittlauch
½ Bund Petersilie
2 Knoblauchzehen

Das Gemüse und die Zwiebel schälen und grob würfeln.

Einen Topf mit gesalzenem Wasser aufstellen und darin die Möhren, den Kohlrabi und den Sellerie weichkochen. Jetzt die Zwiebeln in einer Pfanne glasig anschwitzen lassen.

Nun die Möhren mit Sellerie, Kohlrabi, Knoblauch, Zwiebeln, Salz und Pfeffer in einen Topf geben und grob pürieren. Anschließend Paniermehl hinzugeben, so dass sich kleine Schnitzel daraus formen lassen.

In einer Pfanne Olivenöl erhitzen und die geformten Schnitzel darin goldbraun backen.

Für den Quark
Den Speisequark in eine Schale geben und mit etwas Sahne glattrühren, jetzt den Schnittlauch, die Petersilie und den Knoblauch unterrühren und mit Salz und Pfeffer abschmecken.

Ofenkartoffeln

60–90 Minuten
Einfach
4 Personen

4 große Süßkartoffeln und/oder
4 große festkochende Kartoffeln
Salz, Pfeffer
Olivenöl

Quark-Frischkäse-Füllung
250 g Quark
100 g Frischkäse
½ Bund Schnittlauch
Salz, Pfeffer

Speck-Käse-Füllung
150 g Speck
100 g geriebenen Emmentaler
200 g Schmand
½ Knoblauchzehe
Salz, Pfeffer

Die Kartoffeln gründlich waschen und mehrmals mit der Gabel einstechen. Mit Olivenöl und Salz einreiben und jeweils in eine Alufolie einwickeln. Bei 180 Grad Umluft je nach Größe 60–90 Minuten auf einem Backblech in den vorgeheizten Ofen geben.

Hierzu passen einfach folgende Klassiker am besten, wobei die Speckvariante logischerweise nicht mehr vegetarisch ist.

Quark-Frischkäse
Den Schnittlauch in kleine Röllchen schneiden und mit dem Quark und Frischkäse nach Geschmack vermischen. Mit Salz und Pfeffer würzen. Den Dip einfach zu den Kartoffeln reichen.

Speck-Käse
Den Speck in kleine Würfel schneiden und in der Pfanne auslassen. Die Knoblauchzehe in den Schmand durch eine Knoblauchpresse drücken. Mit Salz und Pfeffer abschmecken.

Kurz bevor die Kartoffeln fertig sind, die Alufolie etwas lösen und die Kartoffeln kreuzweise einschnitzen. Jetzt etwas geriebenen Emmentaler darauf verteilen, damit er etwas schmilzt. Die Kartoffel dann mit Speck und dem Schmand angerichtet servieren.

Gericht von „Die kleinen Feinschmecker"

Ofengemüse mit Bulgur

45 Minuten
Einfach
4 Personen

300 g Bulgur
2 Zucchini
1 rote Paprika
1 gelbe Paprika
1–2 Mohrrüben
1 rote Zwiebel
1 Zweig Rosmarin
Olivenöl
Pflanzenöl
Salz, Pfeffer

Das Gemüse waschen. Die Paprika entkernen und in mundgerechte Stücke schneiden. Die Zwiebel ebenfalls säubern und in gröbere Stücke schneiden. Die Mohrrübe schälen und in sehr feine Scheiben schneiden. In einer Schüssel das ganze Gemüse mit Olivenöl vermischen und mit Salz und Pfeffer würzen.

Das Gemüse in eine mit Pflanzenöl gefettete Auflaufform geben und im vorgeheizten Backofen bei 180 Grad Umluft auf der mittleren Schiene etwa 25 Minuten backen. Ein- bis zweimal wenden.

Während das Gemüse im Ofen ist, bereitet Ihr den Bulgur nach Anleitung zu. Als Beilage könnt Ihr den Kräuterquark nehmen, den es auch zu den Gemüsetalern gibt; das passt hier auch gut dazu.

2 Seiten zurückblättern

Wenn das Gemüse fertig ist, richtet Ihr es mit dem Bulgur an. Den Kräuterquark würde ich einfach auf den Tisch stellen, damit sich jeder so viel nehmen kann, wie er möchte.

MEIN TIPP *

Statt Bulgur könnt Ihr natürlich auch Cous-cous nehmen.

Blumenkohlpuffer mit Joghurt-Dip

30 Minuten
Einfach
4 Personen

1,5 kg Blumenkohl
1 kleine Zwiebel
3 Eier
50 g Mehl
1 Prise Muskatnuss
Pflanzenöl
Salz, Pfeffer

Für den Dip
300 g Joghurt
1 Bio-Zitrone
Zucker
Salz, Pfeffer

Die Blumenkohlröschen vom Strunk schneiden und waschen. Anschließend in kochendem Salzwasser ca. 10 Minuten garen.

In der Zwischenzeit könnt Ihr den Joghurt mit etwas Zitronenabrieb, Zitronensaft und Salz und Pfeffer abschmecken.

Sobald der Blumenkohl gar ist, lasst Ihr ihn in einem Sieb abtropfen. Mit den Eiern und dem Mehl vermengen und mit einer Prise Muskatnuss, Salz und Pfeffer würzen.

Das Öl in einer beschichteten Pfanne erhitzen und aus dem Blumenkohlteig Puffer in der Pfanne bilden und von allen Seiten goldbraun anbraten.

Mit dem Joghurt-Dip warm servieren.

Gericht der Villa Luna Köln

S Ü
S
L E

S

& K

I N

Fluffy Buttermilk Pancakes

40 Minuten
Einfach
4 Personen

Für die Pancakes
3 EL Butter
400 ml Buttermilch
2 Eier
250 g Mehl
1 Prise Salz
3 TL Backpulver
50 g Zucker
1 Päckchen Vanillezucker

Für die Sauce
200 g Heidelbeeren oder Blaubeeren *(frisch oder tiefgekühlt)*
25 ml Wasser
2 TL Stärkemehl *(leicht gehäuft)*
50 g Zucker
Puderzucker

Pancakes

Buttermilch und Eier gut verrühren. Butter in einem Topf schmelzen und in Ruhe abkühlen lassen.

In einer anderen Schüssel Mehl, Salz, Backpulver, Zucker und Vanillezucker mischen und die zerlassene Butter und das Buttermilch-Ei-Gemisch zum Mehl dazugeben. Alles gut verrühren und den Teig ca. 10 Minuten ruhen lassen.

Eine Pfanne mit Fett bestreichen und etwas Teig in die Pfanne geben. Bei Bläschenbildung an der Oberfläche den Pfannkuchen wenden.

Sauce

Blaubeeren, Wasser, Zucker und Stärke in einen Topf geben und zum Kochen bringen. Auf niedriger Stufe so lange köcheln lassen, bis die Blaubeeren aufplatzen und die Flüssigkeit etwas eingedickt ist. Das dauert ungefähr 15 Minuten. Die Blaubeeren mit der Löffel-Rückseite etwas zerdrücken.

Je 3–4 Pfannkuchen auf einen Teller schichten, mit der Blaubeersauce übergießen und mit Puderzucker bestäuben.

Gericht der Villa Luna Berlin

Plant noch ca. 50 Minuten ein, damit der Teig gehen kann.

Buchteln

45 Minuten
Mittelschwer
4 Personen

180 ml Milch
500 g Mehl
80 g Butter
40 g Hefe
100 g Zucker
2 Eigelb
ca. 50 g zerlassene Butter
Salz

Die Hefe in eine Schüssel bröseln und lauwarme Milch hinzufügen. Die Hefe darin auflösen. Die Milch mit dem Mehl, Eigelb, Zucker und einer Prise Salz verkneten. Die Butter hinzufügen und weiterkneten. Sobald ein schöner Hefeteig entstanden ist, deckt Ihr die Schüssel ab und lasst den Teig 30 Minuten an einem warmen Ort gehen.

Den Teig erneut kurz durchkneten. Den Teig formt Ihr jetzt zu kleinen, gleich großen Kugeln. Die sollten etwas kleiner als Tischtennisbälle werden. Eine Auflaufform *(ca. 20 cm x 30 cm)* ausbuttern und die Teigkugeln darin einsetzen und zugedeckt erneut ca. 20 Minuten an einem warmen Ort gehen lassen.

Den Backofen auf 180 Grad Ober- und Unterhitze vorheizen. Die Buchteln vorsichtig mit etwas zerlassener Butter oben bestreichen und dann in der unteren Hälfte ca. 20 Minuten backen, bis sie goldbraun sind.

Die Buchteln aus dem Ofen nehmen. Wenn sie ein wenig abgekühlt sind, könnt Ihr sie mit Puderzucker bestreuen.

* MEIN TIPP

Zu den Buchteln passt Vanillesauce oder Vanilleeis. Wir haben jetzt „Dulce de Leche" Eis genommen, das schmeckt auch toll.

Kaiserschmarrn

45 Minuten
Mittelschwer
4 Personen

240 g Mehl
250 ml Milch
125 ml Mineralwasser
6 Eier
100 g Zucker
1 Prise Salz
4 EL Mandelblättchen *(geröstet)*
120 g Rosinen
(in heißem Wasser eingeweicht)
etwas brauner Zucker zum
Karamellisieren oder Puderzucker

Als Allererstes röstet Ihr die Mandeln in einer beschichteten Pfanne, so dass sie von allen Seiten goldbraun werden.

Die Eier müssen vorsichtig getrennt werden. Das Eiweiß steif schlagen und das Eigelb mit dem Zucker schaumig rühren. Abwechselnd Milch und Mehl dazu geben. Im Anschluss Mineralwasser, Salz und Rosinen unterrühren und dann den Eischnee vorsichtig unterheben.

Die Butter in der Pfanne erhitzen und dann den Teig in die Pfanne geben. Den Teig etwas stocken und anbräunen lassen. Dann den Teig wenden, ähnlich wie bei Pfannkuchen.

Sobald der Teig fertig ist, zerreißt Ihr ihn mit zwei Gabeln in mundgerechte Stücke. Nun gebt Ihr diese in eine Schüssel und bestreut sie mit braunem Zucker und karamellisiert den Zucker mit dem Bunsenbrenner.

MEIN TIPP *

Wenn Ihr mögt, könnt Ihr in den Teig auch noch eine Packung Vanillezucker geben. Da unser Sohn keine Rosinen mag, haben wir die einfach weggelassen. Wer keinen Bunsenbrenner hat, der gibt einfach nur Puderzucker auf den Kaiserschmarrn. Schmeckt auch gut.

Joghurt mit Honig oder Erdbeerpüree

10 Minuten
Einfach
4 Personen

Joghurt mit Erdbeerpüree

800 g Joghurt
(z.B. griechischer Joghurt)
500 g Erdbeeren
(frisch oder tiefgekühlt)
2 TL Limetten- oder Zitronensaft
4 EL Puderzucker
Minzblätter
(zur Dekoration bei Bedarf)

Joghurt mit Honig

800 g Joghurt
(z.B. griechischer Joghurt)
8 EL Honig

Dieses Rezept ist sehr einfach und jeder hat es wahrscheinlich schon mal gemacht. Hier geht es darum, sich mal wieder daran zu erinnern, wie einfach ein leckerer Snack oder Nachtisch für Kinder und die Familie sein kann.

Joghurt mit Erdbeerpüree

Die Erdbeeren säubern und kurz abspülen. Mit einem Pürierstab fein pürieren und dann durch ein Sieb drücken, damit nur noch ein feines Erdbeerpüree übrig bleibt. Mit dem Puderzucker und dem Limetten- oder Zitronensaft abschmecken und schon ist es fertig.

Joghurt mit Honig

200 g Joghurt pro Portion in schönen Schalen oder Gläsern anrichten und mit 2 EL Honig verzieren.

Statt Erdbeeren kann man auch Himbeeren nehmen oder beides mischen. Es ist alles erlaubt. Das Erdbeermus kann man für viele Desserts wie bspw. Grießbrei oder Milchreis verwenden.

Wer mag, kann das Ganze mit 200 g Walnüssen verfeinern. Ganz besonders schmecken die Walnüsse natürlich, wenn man sie in der Pfanne mit 4 EL Zucker vorher karamellisiert.

Grießschnitte mit Pflaumenmus

Plant noch Zeit fürs Auskühlen ein.

20 Minuten
Einfach
4 Personen

1 l Milch
50 g Zucker
1 Prise Salz
½ unbehandelte Zitrone
200 g Weichweizengrieß
3 Eier
1 Päckchen Vanillezucker
30 g Butterschmalz
Puderzucker oder Zimt und Zucker
Pflaumenmus

Milch, Zucker und Salz mit abgeriebener Zitronenschale zum Kochen bringen. Den Grieß unter Rühren in die Milch einstreuen und bei niedriger Temperatur 5 Minuten quellen lassen.

Eier und Vanillezucker unter den Brei rühren und alles im Anschluss auf ein Brett ca. 2 cm dick aufstreichen und erkalten lassen.

Wenn der Teig vollständig erkaltet ist, aus dem Teig Rauten oder andere Formen nach Belieben schneiden und in einer Pfanne in heißem Butterschmalz von beiden Seiten goldbraun anbraten.

Mit Puderzucker, Zimt und Zucker oder/und Pflaumenmus servieren.

MEIN TIPP

Statt Pflaumenmus gehen natürlich auch Apfelmus, Erdbeerpüree oder andere Fruchtpürees.

Erdbeeren, Baiser und Amarettini

10 Minuten
Einfach
4 Personen

500 g reife Erdbeeren
200 ml Schlagsahne
250 g Vanilleeis
Baiser
Amarettini

Einfach die Erdbeeren säubern und in mundgerechte Stücke schneiden.

Aus der Sahne stellt Ihr schöne Schlagsahne her.

Währenddessen schon mal das Eis etwas warm werden lassen. Die Baisers (nicht zu klein) und die Amarettini zerbröseln.

Jetzt unten in ein Glas die Baisers einfüllen, ca. eine Kugel Eis auffüllen. Dann die Erdbeeren hinzufügen und mit Sahne abschließen. Jetzt nur noch die Amarettini darüber streuen.

Schon ist es fertig.

Kinderleicht und schnell. Ich habe meinen beiden Kinder schon in der Küche dabei erwischt, wie sie sich den Nachtisch selbst gemacht haben. Und die beiden sind erst sechs und acht Jahre alt.

Gericht von „Die kleinen Feinschmecker"

Zwetschgen-Crumble

Plus 1 Stunde Kühlzeit.

45 Minuten
Einfach
6 Personen

500 g Pflaumen oder Zwetschgen
125 g Mehl
125 g Butter
100 g Zucker
2 Päckchen Vanillezucker
(Bourbon-Vanillezucker)
50 g Mandelblättchen
Vanilleeis
Zimt
Salz

Kalte Butter, Mehl, Zucker, Mandelblättchen, Vanille-Zucker, eine Prise Zimt und Salz mit 2 EL kaltem Wasser in einer Rührschüssel mit Knethaken verrühren, bis grobe Streusel entstehen.

Im Anschluss noch kurz mit den Händen die großen Streusel etwas kleiner machen. Letztendlich müssen die Streusel die Größe haben, die Euch am besten schmecken. Für mich dürfen sie nicht zu groß und nicht zu klein sein.

Sobald die Streusel fertig sind, stellt sie noch mal ca. 1 Stunde in den Kühlschrank.

Während die Streusel im Kühlschrank sind, könnt Ihr die Auflaufform buttern, die Pflaumen oder Zwetschgen waschen, vierteln oder achteln und in die Auflaufform legen. Etwas Zucker und Zimt darüber geben.

Den Ofen jetzt auf 180 Grad Celsius Umluft vorheizen. Die Streusel kurz bevor die Auflaufform in den Ofen kommt großzügig über die Pflaumen verteilen. Jetzt in den Ofen und ca. 20 Minuten warten, bis die Streusel oben goldbraun sind.

Den Crumble mit Vanilleeis anrichten. Ich bin mir sicher, das wird Euren Kindern und Eurer Familie genauso gut schmecken wie uns.

Dieses sehr einfache und schnelle Rezept für Zwetschgen-Crumble für Kinder und ihre Eltern habe ich von meinem Vater und es wird Euch auf jeden Fall auch schmecken. *Vielen Dank Papa für das tolle Rezept.*

Gericht von „Die kleinen Feinschmecker"

Zitronen-Limetten-Limonade

15 Minuten
Einfach
4 Personen

Plus Kühlzeit.

200 g Zucker
30 g Ingwer
500 ml Wasser
200 ml Zitronen- und Limettensaft
1 l Mineralwasser
Minze

Den Ingwer am besten durch die Knoblauchpresse pressen, damit er sehr klein ist und der Saft herauskommt. Wenn Ihr keine Presse habt, dann einfach den Ingwer klein schneiden.

Zucker, Ingwer und Wasser aufkochen, bis sich der Zucker aufgelöst hat, und dann auskühlen lassen. Wenn das Sirup ausgekühlt ist, einfach mit 200 ml frisch gepresstem Zitronen- und Limettensaft vermischen. Mit Mineralwasser aufgießen.

Gericht von „Die kleinen Feinschmecker"

Erdbeer-Tiramisu

Plus Kühlzeit.

45 Minuten
Einfach
4 Personen

350 g Mascarpone
250 g Magerquark
½ ausgepresste Zitrone
80 g Puderzucker
1 Päckchen Vanillezucker
200 ml Schlagsahne
1 Päckchen Sahnefestiger
200 ml Orangensaft
750 g möglichst kleine Erdbeeren
300 g Löffelbiskuits
Kakao
Auflaufform *(ca. 20 x 30 cm)*

Die Erdbeeren säubern und in feine Scheiben schneiden. Wenn Ihr mögt, haltet Ihr von den Erdbeeren ein paar zurück, die könnt Ihr dann für die Deko verwenden.

Anschließend verrührt Ihr in einer Schüssel Mascarpone, Quark, Vanillezucker und den Puderzucker. Die steif geschlagene Sahne könnt Ihr jetzt vorsichtig unterheben.

Als Erstes legt Ihr eine Lage Löffelbiskuit in die Auflaufform und beträufelt sie mit dem Orangensaft. Darüber macht Ihr eine Schicht der Mascarponecreme. Die Creme belegt Ihr mit Euren Erdbeerscheiben.

Darüber legt Ihr jetzt die letzte Lage Löffelbiskuit. Auf den träufelt Ihr dann wieder etwas von dem Orangensaft und streicht darauf die restliche Creme.

Das Ganze kommt jetzt in den Kühlschrank. Am besten bereitet Ihr das Tiramisu daher einen Tag vorher zu.

Bevor Ihr es anrichtet, bestäubt das Tiramisu mit Kakao.

Knuspermüsli mit frischen Beeren

Plus 1 Stunde Kühlzeit.

60 Minuten
Einfach
4 Personen

2 mittelgroße reife Bananen
7 Datteln
50 g Mandelmus
200 g Multikornflocken
25 g gepufften Amaranth
25 g Sonnenblumenkerne
50 g Mandelkerne
50 g weiche Cranberries
Agavendicksaft
Meersalz

Die Bananen in grobe Würfel schneiden. Die Datteln entkernen. Die Mandelkerne und die Cranberries grob hacken, aber erst noch mal zur Seite stellen.

Den Ofen auf 150 Grad Ober- und Unterhitze vorheizen. Datteln, Bananen und etwas Salz mit dem Mandelmus kurz in einem Hacker fein pürieren, bis die Masse cremig ist.

Die Multikornflocken, den Amaranth und die Sonnenblumenkerne in einer großen Schüssel mit der Masse gut vermischen. Ich füge meist noch ein wenig Agavendicksaft dazu, je nach Geschmack.

Die Masse auf einem mit Backpapier belegten Backblech verteilen und im Ofen ca. 30 Minuten auf der unteren Schiene rösten. Nach 30 Minuten wenden und weitere 30 Minuten rösten. Zwischendurch immer mal wieder wenden, damit alle Seiten schön knusprig werden.

Ca. 10 Minuten vor dem Ende die Cranberries und die Mandeln hinzufügen und auch rösten lassen.

Wenn das Müsli schön knusprig ist, einfach aus dem Ofen nehmen, auskühlen lassen und genießen.

In der Erdbeerzeit kann man das Knuspermüsli auf etwas Naturjoghurt anrichten und mit frischen Erdbeeren und Blaubeeren verzieren. Es schmeckt aber auch einfach nur mit Milch, Joghurt oder pur.

MEIN TIPP

Tolles Rezept, wenn ihr nicht wisst, was ihr mit zu reifen Bananen machen sollt. Das gilt auch für die gebackenen Bananen.

Geeiste Schokobananen am Stiel

15 Minuten
Einfach
4 Personen

4 reife Bananen
200 g Vollmilchkuvertüre
Zuckerstreusel oder gehackte Haselnüsse
Eisstiele aus Holz

Plus mindestens 1 Stunde Kühlzeit.

Vollmilch-Kuvertüre schmelzen lassen. Bananen schälen und halbieren. Je eine Hälfte auf einen Eisstiel setzen und in die geschmolzene Schokolade tauchen.

Jetzt nach Vorliebe der Kindern mit den Zuckerstreuseln oder den gehackten Haselnüssen dekorieren. Ab in den Gefrierschrank. Nach mindestens einer Stunde, aber spätestens am Tag danach gibt es tolle geeiste Schokobananen.

Gericht von „Die kleinen Feinschmecker"

Cakepops

45 Minuten
Mittelschwer
ergibt ca. 25 Stück

500 g Sandkuchen
kaufen oder selbst backen
(z.B. Zitronen- oder Marmorkuchen)
60 g Frischkäse
(Doppelrahmstufe)
50 g weiche Butter
400 g Vollmilchkuvertüre
50 g Puderzucker
Zuckerperlen
(alternativ klein gehackte Nüsse oder Ähnliches zum Verzieren)
Cakepops-Stiele

Den Rührkuchen zerbröseln. Frischkäse, Butter und Puderzucker zu einer homogenen Masse verarbeiten, mit den Teig-Bröseln vermischen und zu Kugeln formen. Die Kugeln gebt Ihr dann 15 Minuten in das Gefrierfach, damit sie später nicht so bröseln.

Währenddessen könnt Ihr die Vollmilchkuvertüre schmelzen lassen. Nach den 15 Minuten die Cakepops-Stiele in die geschmolzene Schokolade geben und die Kugeln aufspießen. Kurz auskühlen lassen.

Jetzt die Cakepops zum Überziehen durch die Schokolade ziehen und dekorieren. Zum Trocknen steckt Ihr die Cakepops entweder in einen Cakepops-Halter oder in ausreichend Styropor.

Gericht von „Die kleinen Feinschmecker"

Plus 1 Stunde Kühlzeit.

Cantuccini

60 Minuten
Einfach

250 g Mehl
50 g Marzipanrohmasse
1 TL Backpulver
2 Eier (Kl. M)
170 g Zucker
2 Päckchen Vanillezucker
25 g Butter
200 g Walnusskerne
Salz

Mischt das Mehl mit dem Backpulver, dem Zucker und dem Vanillezucker in einer Schüssel. Fügt die Eier und die Marzipanrohmasse sowie eine Prise Salz hinzu.

Wie es weitergeht, hängt von der Temperatur der Butter ab. Wenn sie kalt aus dem Kühlschrank kommt, könnt Ihr die Zutaten mit der Butter in der Schüssel mit den Händen kneten. Ist die Butter zimmerwarm, dürft Ihr das auf keinen Fall machen, denn das klebt. Dann müsst Ihr für die Zubereitung des Teigs den Knethaken verwenden. Das wäre übrigens ohnehin die bessere Wahl.

Wenn Ihr einen glatten Teig habt, knetet Ihr die Walnüsse unter. Teilt den Teig in 4 gleich große Stücke und formt daraus ca. 30 cm lange Rollen. Wenn der Teig dafür zu klebrig ist, muss er erst in den Kühlschrank um etwas auszukühlen. Wickelt dann die Rollen in Klarsichtfolie und lasst den Teig eine Stunde auskühlen.

Heizt den Ofen auf 180 Grad Umluft vor. Legt die Teigrollen in ausreichendem Abstand auf ein mit Backpapier ausgelegtes Backblech. Die Teigrollen backt Ihr dann im unteren Teil des Backofens.

Nach 15 Minuten nehmt Ihr das Backblech aus dem Ofen und lasst den Teig so lange auskühlen, bis Ihr ihn schneiden könnt, ohne dass er bricht. Jetzt schneidet Ihr etwa 1 cm dicke Stücke und dreht sie, damit sie von der anderen Seite in ungefähr 10 Minuten auch schön knusprig werden. Eventuell wendet Ihr noch mal.

Wenn die Cantuccini schön goldbraun sind, sind sie fertig.

Gericht von „Die kleinen Feinschmecker"

Schokoladenmousse

Plus Kühlzeit.

45 Minuten
Anspruchsvoll
4 Personen

4 Eier
2 EL Zucker
170 g Vollmilch-Koch-Schokolade
135 g Butter
Erdbeer- oder Himbeermus
Frische Minze als Deko
Puderzucker

Zunächst trennt Ihr die Eier. Die Eigelbe dann in einer Schüssel mit Zucker 3 Minuten lang schlagen, bis die Eimasse schön schaumig ist. Jetzt die Schüssel auf einen Topf mit siedendem Wasser stellen und die Eigelbcreme ca. 3 Minuten weiterschlagen, bis sie warm wird. Sie darf allerdings nicht zu heiß werden, sonst stocken die Eier.

Jetzt die Creme in einer Schüssel mit kaltem Wasser abkühlen lassen. Aber auch da weiterschlagen, damit sie cremig und luftig wird.

Die Schokolade im Wasserbad schmelzen. Von der Kochstelle nehmen und die Butter unterrühren.

Das Eiweiß steif schlagen.

Schokoladencreme unter die Eigelbe rühren und vorsichtig den Eischnee unterheben. Jetzt am besten über Nacht erkalten lassen.

Zum Schokoladenmousse passt gut ein selbst gemachtes Fruchtmus und es sieht toll aus, wenn Ihr dann alles mit Puderzucker und Minzblättern dekoriert.

Gericht von „Die kleinen Feinschmecker"

Hugo für „Groß und Klein“

15 Minuten
Einfach
Ergibt 1,5 l

1,5 l Mineralwasser
150 ml Holundersirup
4 Bio-Limetten
Eiswürfel
Frische Minze

Mineralwasser und Holundersirup in eine große Karaffe füllen und gut durchmischen. Eine Limette gut auspressen und die restlichen in kleine Stücke schneiden. Limettensaft und Limetten zum Holunderwasser geben und mit Eiswürfeln auffüllen. Noch einmal richtig durchmischen und dann einige Minzblätter hinzufügen.

Für die Erwachsenenvariante einfach das Mineralwasser durch Sekt ersetzen.

Gericht von „Die kleinen Feinschmecker“

100% QUALITY
5 LITRES
Open
Close

Kuchenbrot

Plus Geh- und Ruhezeit.

60 Minuten
Einfach

500 g Mehl
1 Päckchen Trockenhefe
300 ml lauwarme Milch
100 g Butter *(Zimmertemperatur)*
100 g Zucker
4 Eier
Schalenabrieb von ½ Bio-Zitrone
1 Päckchen Trockenhefe
Salz

Die Eier mit dem Zucker, etwas Zitronenabrieb und einer Prise Salz in einer Rührschüssel schaumig schlagen.

In einer Schüssel das Mehl mit der Trockenhefe gut vermischen und mit der Butter verkneten. Anschließend die Eier-Zucker-Mischung hinzufügen und nach und nach langsam die lauwarme Milch hineingeben.

Die etwas zähe Masse in eine vorgefettete Kastenform geben und abgedeckt mindestens 30 Minuten gehen lassen.

Den Ofen auf 170 Grad Umluft vorheizen und für ca. 15 Minuten backen. Danach die Temperatur auf ca. 150 Grad reduzieren und noch einmal 30 Minuten backen.

Wenn Ihr das Kuchenbrot aus dem Ofen nehmt, lasst es ca. 20 Minuten unter einem feuchten Tuch ruhen.

MEIN TIPP

Damit das Kuchenbrot nicht zu trocken wird, solltet Ihr eine Schüssel mit etwas Wasser mit in den Ofen stellen. Solltet Ihr sogar einen Dampfgarer haben, dann stellt diesen auf 30% Feuchtigkeit. Und sollte von dem Kuchenbrot noch etwas übrig bleiben, könnt Ihr daraus sehr leckere Arme Ritter zaubern. Das Rezept hierfür findet Ihr auf der nächsten Seite.

Gericht von „Die kleinen Feinschmecker"

Armer Ritter

10 Minuten
Einfach
Für 4 Personen

100 ml Milch
2 Eier
8 Scheiben Kuchenbrot
1 Prise Salz
Puderzucker
Butterschmalz

Das Kuchenbrot in etwa 1 cm dicke Scheiben schneiden. Die Eier und Milch sowie eine Prise Salz verquirlen und die Kuchenbrot-Scheiben darin eintauchen. Dann die Scheiben in einer beschichteten Pfanne in etwas Butterschmalz goldbraun von beiden Seiten anbraten.

Mit Puderzucker bestreuen und servieren.

MEIN TIPP *

Dieses Rezept hat das Kuchenbrot aus diesem Buch als Basis und eignet sich gut zur Verwertung, wenn von dem Brot etwas übrig geblieben ist. Natürlich kann man das Kuchenbrot auch durch Toast oder Weißbrotscheiben ersetzen und dann einfach hinterher mit mehr Puderzucker bestreuen.

Gebackene Banane

15 Minuten
Einfach
Für 4 Personen

4 reife Bananen
4 EL Honig
2 Hand voll Walnüsse
2 EL Zucker
Butter

Die Walnüsse mit dem Zucker in einer beschichteten Pfanne langsam karamellisieren.

Die Bananen schälen und längs halbieren. Die Butter in einer Pfanne erhitzen und die Bananen darin von beiden Seiten anbraten, bis sie schön goldbraun sind. Mit jeweils einem Esslöffel Honig beträufeln und mit den Walnüssen servieren.

MEIN TIPP

Dazu passt perfekt entweder Joghurt oder natürlich auch Vanilleeis.

Gericht von „Die kleinen Feinschmecker"

Für Variante 2 müsst ihr noch 1 Stunde mehr Zeit einplanen.

Flammkuchen

30 Minuten
Einfach
4 Personen

Für den Teig
2 Packungen Flammkuchenteig
(aus dem Kühlregal, à ca. 260 g)

Für den selbst gemachten Teig
375 g Mehl
3 EL Pflanzenöl
230 ml Wasser
1 TL Salz
1 TL Trockenhefe

Für den Belag
200 g Crème fraîche
125 g Schmand
200 g Speck
(oder Kochschinken-Würfel)
Frühlingszwiebeln
Salz, Pfeffer

Variante 1 – gekaufter Teig
Die Frühlingszwiebel in dünne Ringe schneiden. Wenn Eure Kinder das nicht mögen, macht Ihr die Frühlingszwiebeln einfach nur auf Eure Hälfte.

Den Flammkuchenteig mit Schmand oder Crème fraîche bestreichen und einfach die Speckwürfel oder den Schinken darauf verteilen. Anschließend den Flammkuchen nach Packungsanleitung im Ofen 20 Minuten schön knusprig backen.

Das Schöne daran ist, dass man so einen Flammkuchen belegen kann wie man möchte. Ihr könnt also noch Frühlingszwiebeln oder Zwiebeln, statt Speck auch Schinken verwenden – was auch immer Eure Kinder und Ihr gerne mögt.

Variante 2 – selbst gemachter Teig
Als Erstes den Ofen auf 250 Grad Umluft vorheizen. Nun alle Zutaten in eine Schüssel geben und am besten mit den Händen gut kneten. Beim Kneten machen die Kinder oft sehr gern mit. Also los geht's – Hände waschen und kneten.

Jetzt den Teig sehr dünn und gleichmäßig ausrollen und auf ein Blech mit Backpapier legen. Crème fraîche und Schmand in einer kleinen Schüssel verrühren, mit Salz und Pfeffer abschmecken und auf dem Teig verteilen.

Speck oder Schinken darüber streuen und für das Auge und den Geschmack auch noch die Frühlingszwiebeln. Auch dabei können Kinder gut helfen und ihre eigene Hälfte alleine belegen.

Den Flammkuchen für 20 Minuten in den vorgeheizten Ofen geben und schön knusprig werden lassen.

Brotzeit

15 Minuten
Einfach

Unterschiedliche Brotsorten
Vollkornbrot, Kürbiskernbrot,
Laugenbrezel, Knäckebrot etc.

Aufschnitt und Käse
verschiedene Sorten
nach Geschmack der Familie

Eingelegtes Gemüse
Gewürzgurken und mehr

Geschnittene Rohkost
Gurke, Paprika, Mohrrübe etc.

Kräuterfrischkäse oder -quark
selbst gemacht oder gekauft

Fleisch- oder Geflügelsalate

und vieles mehr

Also für eine Brotzeit braucht – glaube ich – niemand ein Rezept. Die Brotzeit wird meiner Meinung nach oft als Abend- oder Mittagessen unterschätzt. Dabei gibt es so viel Auswahl und Möglichkeiten, dass Ihr einfach nur kreativ werden könnt. Wenn man dann noch alles schön dekoriert und in Schalen oder auf Tellern anrichtet, ist das ein tolles Abendessen, das jeder gerne mag.

Eine Käseplatte gehört natürlich auch dazu.

Plus 30 Minuten Gehzeit.

Kräuterbrötchen

45 Minuten
Einfach
Für 4 Personen

1 kg Weizenmehl
0,7 l lauwarmes Wasser
1 Würfel Hefe
1 Prise Zucker
½ Bund Petersilie
½ Bund Schnittlauch
1 EL getrockneter Rosmarin
1 EL getrockneter Thymian
1 EL getrockneter Oregano
½ Bund Basilikum
1 Knoblauchzehe
150–200 ml ÖL
(Pflanzenfett oder Olivenöl)
Salz

Alle Kräuter in ein hohes Gefäß geben und fein pürieren. Mit etwas Salz und Pfeffer abschmecken.

Das Mehl in eine Schüssel geben. Lauwarmes Wasser, Hefe und Zucker auflösen und gut verrühren. Das Salz zum Mehl geben.

Wasser/Hefemischung zum Mehl geben und die Kräuter mit hinzufügen. Alles gut miteinander vermischen. Anschließend zu einem festen und kompakten Teig verarbeiten. 30 Minuten an einem warmen Ort gehen lassen.

Den Ofen auf 180 Grad Umluft vorheizen.

Den Teig zu Baguette oder Brötchen formen. Die Brötchen ca. 25 Minuten backen, Baguette braucht ca. 35–40 Minuten.

Gericht der Villa Luna Düsseldorf

S

C E

A

U

N

Plus 3 Stunden.

Bolognese

15 Minuten
Einfach

1 kg Bio-Hackfleisch
(halb und halb)
2 mittlere Zwiebeln
1 Knoblauchzehe
3 mittlere Mohrrüben
1 EL Tomatenmark
1 EL Zucker
0,2 l Hühnerbrühe
700 g pürierte Tomaten
1 TL Oregano
Olivenöl
Salz, Pfeffer

Die Zwiebeln, die Knoblauchzehe und die Mohrrüben klein hacken und in Olivenöl anschwitzen. Wenn das Gemüse glasig ist, Tomatenmark und Zucker hinzufügen und ebenfalls kurz anschwitzen lassen. Dann das Hackfleisch hinzufügen und gründlich anbraten.

Mit der Hühnerbrühe ablöschen, das Tomatenpüree hinzufügen und mit Salz, Pfeffer und Oregano abschmecken.

Die Bolognese jetzt für ca. 3 Stunden auf kleiner Flamme köcheln lassen und regelmäßig umrühren.

Wenn sie schön eingedickt ist, noch mal final abschmecken.

Mein Tipp

Diese Sauce eignet sich am ersten Tag perfekt für Nudeln Bolognese. Den Rest friert ihr ein. So habt ihr für das nächste Mal auch wieder eine schöne Sauce.

Gericht von „Die kleinen Feinschmecker"

Pesto

15 Minuten
Einfach

60 g Pinienkerne
100 g frischer Parmesan
1 Knoblauchzehe
4 Bund Basilikum
(bzw. ein großer Topf)
150/200 ml Olivenöl

Die Pinienkerne ohne Fett in eine beschichtete Pfanne geben und rösten, damit sie von allen Seiten schön goldbraun werden. Am besten die Pinienkerne nicht alleine lassen, damit sie nicht anbrennen. Anschließend beiseitestellen und abkühlen lassen.

Den Parmesan reiben und Knoblauch fein hacken oder durch eine Knoblauchpresse drücken. Basilikumblätter von den Stielen zupfen und abspülen. Mit einem Küchentuch vorsichtig trocken tupfen.

Parmesan, Knoblauch, Basilikum und Pinienkerne im hohen Becher eines Blitzhackers fein zerkleinern und dann das Olivenöl unterrühren.

MEIN TIPP *

Solltet ihr das Pesto nicht für heute benötigen, füllt es bis ca. einen Fingerbreit unter den Rand in saubere, wieder verschließbare Gläser. Bis zum Rand mit Öl auffüllen und verschließen. Dann hält das Pesto mehrere Tage im Kühlschrank.

Mehlschwitze

5 Minuten
Einfach

2 EL Butter
2 EL Weizenmehl
heiße Brühe oder Fond
(nach Bedarf)

Butter erhitzen, bis ganz leichte kleine Bläschen zu sehen sind.

Weizenmehl auf die Butter streuen und vorsichtig vermischen, bis das Mehl hell gebräunt ist. Dann etwas Brühe dazugeben und verrühren. Nochmals Flüssigkeit nachgeben und verrühren, bis eine sämige Flüssigkeit entstanden ist.

Anschließend zur Sauce dazugeben oder mit der restlichen Sauce aufgießen und verrühren.

Tomatensauce

15 Minuten
Einfach

1 Zwiebel
1 Knoblauchzehe
1 EL Tomatenmark
500 g passierte Tomaten
100 ml Olivenöl
Zucker *(nach Bedarf)*

Die Zwiebel und die Knoblauchzehe in feine Würfel schneiden und in einem Topf mit etwas Olivenöl anschwitzen. Dann das Tomatenmark dazugeben und mit etwas Zucker karamellisieren lassen.

Jetzt die passierten Tomaten hinzufügen, mit Salz und Pfeffer abschmecken und köcheln lassen. Abkühlen lassen.

MEIN TIPP

Macht mehr Tomatensauce und friert den Rest ein. Dann habt ihr immer leckere Tomatensauce im Haus.

Gericht von „Die kleinen Feinschmecker“

Béchamelsauce

10 Minuten
Einfach

70 g Butter
40 g Mehl
600 ml Milch
1 Lorbeerblatt
Muskatnuss

Die Butter in einem Topf bei mittlerer Hitze zerlassen. Das Mehl und eine Prise Muskatnuss hinzufügen und unter Rühren eine Minute kochen.

Jetzt nehmt Ihr die Mehlschwitze vom Herd und fügt langsam die Milch und ein Lorbeerblatt hinzu. Anschließend stellt Ihr den Topf wieder auf den Herd und köchelt die Sauce unter Rühren, bis sie eindickt. Mit Salz würzen und mit Frischhaltefolie bedeckt abkühlen lassen.

Sahnesauce

10 Minuten
Einfach

200 ml Sahne
100 ml Brühe
30 g Parmesan
Salz, Pfeffer

Die Brühe aufkochen.

Sahne und Parmesan hinzufügen und mit Salz und Pfeffer abschmecken.

Gericht von „Die kleinen Feinschmecker"

Chutneys
PASSIONE

Basilikum
Minze 0,95€
Zitronenmelisse 0,95€
Salbei 0,95€ 1,60€
Sauerampfer 0,95€
Estragon 0,95€
Rosmarin
Ysop 0,95€
Zitronenverbene 0,95€
Borretsch 0,95€
Thymian
Oregano 0,95€
Zitronenbasilikum 1,20€
gilt für eigene Sommerware

Tipps für entspanntes Kochen und Familienessen

Auf den folgenden Seiten habe ich ein paar Themen für Euch aufgeschrieben, die Euch meiner Erfahrung nach die Planung und das Kochen für die Familie einfacher machen werden. So findet Ihr zum Beispiel eine Aufstellung, was in einer Vorratskammer nicht fehlen sollte, damit man nicht ständig einkaufen gehen muss. Ihr werdet auch Tipps für die Erstellung eines Wochenplans, einen Saisonkalender und Ideen für wählerische Esser finden. Im Rahmen meines Blogs „Die kleinen Feinschmecker“ stelle ich immer wieder fest, dass dies Themen sind, die nicht nur mich, sondern viele Eltern beschäftigen. Wenn also ein Tipp von mir dabei wäre, der es Euch ab sofort leichter macht, würde mich das schon freuen.

Schaut einfach mal auf meinem Blog vorbei. Da gibt's noch mehr Rezepte und Tipps. Außerdem findet ihr mich natürlich auch bei Facebook und Instagram.

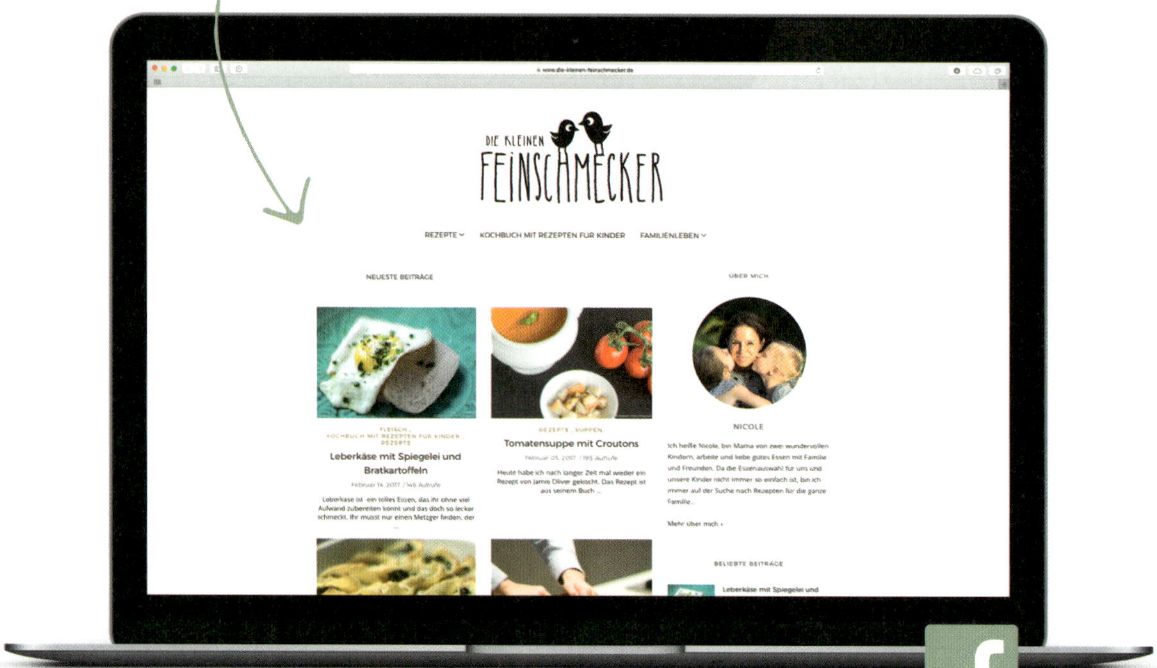

www.die-kleinen-feinschmecker.de

www.facebook.com/diekleinenfeinschmecker | www.instagram.com/diekleinenfeinschmecker

Die Vorratskammer

In Zeiten, wo ich mal eben schnell in den Supermarkt gehen kann, erscheint eine Vorratskammer etwas veraltet. Aber mal ganz ehrlich: Wer möchte jeden Tag in den Supermarkt? Aus diesem Grund sollte man sich einmal pro Woche die Zeit nehmen und die Woche für die Familie planen. Hierzu komme ich später im Detail. Zusätzlich macht es Sinn, sich eine Art „Vorrat" anzulegen, auf den Ihr bei Bedarf zugreifen könnt. Das spart nicht nur Zeit, sondern auch Geld.

Neben Salz und Pfeffer, ist es hilfreich folgende Grundzutaten immer zu Hause zu haben.

(1) Trockener Vorrat

Meiner Ansicht nach sollten Mehl, Reis (z.B. Basmati), Marmelade, Zucker, Milchreis, Honig und gekörnte Brühe (Gemüse- und Hühnerbrühe), Couscous, Tomatenmark, Senf, Kichererbsen, passierte Tomaten und Nudeln in verschiedenen Varianten und diverse Backzutaten in einem Vorratsschrank nicht fehlen. Wir haben immer noch Thunfisch in Öl, eingelegte Gurken und weiße Bohnen, weil wir die alle einfach gerne mögen und man daraus viele leckere Gerichte machen kann.

Wozu passierte Tomaten?
Tomaten braucht Ihr auf jeden Fall! Egal ob in der Dose oder im Glas, aus dem Supermarkt oder vom Discounter: Die Tomaten müssen geschmackvoll sein. Die passierten Tomaten braucht Ihr für jegliche Tomatensauce.

Gekörnte Brühe oder selbst gemachte Brühe?
Ob man gekörnte Brühe benötigt oder nicht, muss natürlich auch jeder für sich selbst entscheiden. Sicherlich könntet Ihr eine Brühe einkochen und dann als Vorrat einfrieren. Dafür gibt es viele tolle Rezepte. Hier im Kochbuch gibt es zum Beispiel das Rezept für die Hühnerbrühe. Wenn Ihr davon mehr macht und die Brühe stark einkocht und dann einfriert, habt Ihr eine tolle Brühe für die Saucen. Da das aber aufwendiger und nicht immer möglich ist, könnt Ihr meiner Ansicht nach auf fertige, gekörnte Brühen zugreifen.

Aber auch hier ist es wichtig, dass Ihr Instant- oder flüssige Brühen in sehr guter Qualität kauft. Denn wenn diese Brühe nicht schmeckt, gelingen Saucen und Suppen natürlich auch nicht. Auf Geschmacksverstärker wie Glutamat oder Hefeextrakt solltet Ihr hierbei verzichten.

In meiner Aufzählung oben fehlen natürlich noch Essig und Öle. Ihr solltet auf jeden Fall immer ein Pflanzenöl zu Hause haben, wie bspw. Rapsöl und ein gutes Olivenöl. Balsamico-Essig und Weißweinessig solltet Ihr auch im Vorrat haben. Denn auch damit deckt Ihr schon viele Gerichte ab.

Gutes Olivenöl – wie erkenne ich das?
Vielleicht ist Euch das schon mal aufgefallen: Viele sprechen von „gutem" Olivenöl – was soll das denn sein?

›››

Bei Olivenöl gibt es große Qualitätsunterschiede. Kauft daher nur „natives Olivenöl extra“, da das die höchste Qualitätsstufe des Öls ist, mindestens aber „natives Olivenöl“. Das beste Olivenöl für Euch selbst findet Ihr eigentlich, wenn Ihr es ähnlich wie Wein verkostet. Also probiert doch beim nächsten Mal das Olivenöl mit einem Teelöffel. Ihr werdet sehen, es gibt welche, die schmecken Euch besser und andere, die schmecken schlechter. Nur wenn alle Zutaten Eures Gerichtes gute Qualität haben und geschmackvoll sind, kann Eurer Gericht gut schmecken.

Nudeln in allen möglichen Varianten – welche denn nun?

Da Nudeln relativ lange haltbar sind, solltet Ihr immer eine gute Auswahl zu Hause haben.
Wir haben zu Hause eigentlich immer:

- Schmetterlingsnudeln
- Penne
- Tagliatelle
- Spaghetti
- Rigatoni
- Lasagne-Platten

Allein wenn Ihr Euch dann in Zukunft diese Auswahl anseht, fallen Euch viele Gerichte ein, die ihr hiermit kochen könnt.

Backvorräte

Neben Butter und Mehl ist es mit Kindern immer schön, wenn man Dekorationen zum Backen zu Hause hat:

- Streusel- und Dekorationen in verschiedenen Farben
- Nahrungsmittelfarbe
- Kochschokolade
- Vanillestangen/Vanillezucker
- Backpulver

(2) Frisch und kühl

Obst und Gemüse

Wenn man immer eine kleine Auswahl an Obst und Gemüse zu Hause hat, kann man oft schon daraus eine Kleinigkeit kochen. Wir haben daher meist Knoblauch, Zwiebeln, Kartoffeln (festkochend), Mohrrüben, Bananen, eine Biozitrone und Äpfel zu Hause. Ansonsten gehen wir ziemlich saisonal einkaufen.

Frische oder getrocknete Kräuter

Gerade im Sommer ist es natürlich toll, wenn man frische Kräuter zu Hause hat. Am allerbesten natürlich selbst angepflanzt aus dem Garten. Wenn Ihr hierzu keine Möglichkeit habt, gibt es mittlerweile viele kleine Töpfe in Gartencentern oder auch im Baumarkt. Die wachsen sogar auf dem Balkon in der Stadt oder halten sich einige Zeit in der Küche. Wir haben meist mindestens frisches Rosmarin, Thymian und Minze zu Hause.

Natürlich kann man auch getrocknete Kräuter verwenden, die sind meist sogar intensiver. Die folgenden Kräuter solltet Ihr auf jeden Fall zu Hause haben:

- Rosmarin
- Thymian
- Oregano
- Muskatnuss
- Majoran
- Paprikapulver

Kühlschrank
Zusätzlich dürfen im Kühlschrank natürlich Butter, Sahne, Eier, Milch, Käse und/ oder Frischkäse oder Joghurt und Aufschnitt nicht fehlen.

Die Gefriertruhe
Ohne Gefriertruhe würde ich wahrscheinlich nicht klarkommen. Die Frage ist: wofür nutzt man sie? Ich finde, Ihr solltet sie nicht für Fertiggerichte nutzen. Fertiggerichte beinhalten Zutaten, die man nicht beeinflussen kann. Oftmals sind das zu viel Zucker und Geschmacksverstärker. Es ist daher immer gesünder, selber zu kochen.

Also, wozu brauche ich sie dann?
Ganz klar, für mich gehören in eine Gefriertruhe:

- gefrorene Früchte
- Saucen
- Reste Eurer tollen, selbst gemachten Rezepte

Gefrorene Früchte
Wenn Früchte keine Saison haben, greife ich gerne auf tiefgefrorene Früchte zurück, insbesondere Himbeeren und Erdbeeren. Aus diesen könnt Ihr Eis, Fruchtsaucen, Smoothies, Säfte und vieles mehr zubereiten.

Saucen und Gerichte
Wenn Ihr das nächste Mal eine Bolognese, Tomatensauce oder Suppe zubereitet, kocht einfach gleich die doppelte Menge und friert den Rest ein. So habt Ihr das nächste Mal direkt ein einfaches Gericht ohne viel Aufwand oder für den Fall, dass es mal schnell gehen soll.

Da das eine ziemlich lange Auflistung ist, könnt Ihr Euch eine Übersicht auf *www.diekleinenfeinschmecker.de* ausdrucken.

Bio – muss das sein?

Ich finde, „Bio“ muss nicht sein. Aber hochwertige Lebensmittel müssen sein. Es gibt für mich kaum etwas Wichtigeres als Gesundheit. Gerade für die „Kleinen“. Mittlerweile bekommt man auch andere hochwertige Lebensmittel. Sucht Euch Händler Eures Vertrauens für Obst, Gemüse und insbesondere auch Fleisch.

Mal ganz ehrlich … wenn ein ganzes Hähnchen im Supermarkt 3,99 EUR kostet – wie kann das gesund, artgerecht und ohne Antibiotika-Zugabe groß geworden sein? Wollt Ihr wirklich so etwas essen? Wir haben uns dazu entschieden, lieber weniger, aber dafür hochwertiges Fleisch zu essen. Aber das bleibt natürlich Euch überlassen.

Eine tolle Möglichkeit, an gute Bioprodukte zu kommen, ist z.B. auch die Biokiste. Seitdem wir Kinder haben, bestellen wir wöchentlich eine Biokiste, die uns direkt nach Hause geliefert wird. Neben Obst und Gemüse, enthält unsere Kiste auch Milch, Joghurt, Mozzarella und was wir sonst noch brauchen. Man kann in der Regel online seine Bestellung aufgeben und hat immer Zugriff auf das aktuelle Angebot. Unter www.oekokiste.de findet Ihr eine Übersicht aller Biohöfe, die ausliefern. Vielleicht probiert Ihr es einfach mal aus.

Obst und Gemüse der Saison – ein kleiner Kalender

Für Kinder aus den Städten ist es oftmals gar nicht ersichtlich, woher welches Obst kommt geschweige denn, wann es Saison hat. Im Supermarkt gibt es immer alles, nur durch den Preis kann man vielleicht erkennen, ob gerade Blaubeerzeit ist oder nicht.

Um bei Kindern das Bewusstsein und Interesse für das Essen und dessen Herkunft zu fördern, hilft es, auch mal gemeinsam beim Bauern oder auf dem Markt einkaufen zu gehen. Bei vielen kann man die angebotenen Äpfel und Birnen probieren, um so die neue Lieblingssorte Eurer Kinder zu finden.

Hier sehen die Kinder vor allem auch, welches Obst und Gemüse gerade Saison hat. Erdbeeren schmecken nun mal am besten zwischen Mai und August, wenn sie auf den Feldern wachsen. Wir versuchen, uns nach den Jahreszeiten zu richten, um den Kindern zu zeigen, dass es für alles seine Zeit gibt und man nicht unbedingt im Dezember frische Erdbeeren essen muss, die von weit her kommen, sehr teuer sind und meist gar nicht so gut schmecken.

Da auch ich immer wieder dort nachsehe, gibt es hier mal einen Saison-Kalender von Euro-Toques Deutschland e.V.

Wolfgang P. Menge – Präsident Euro-Toques Deutschland e.V.

„In Zeiten, in denen immer mehr industriell verarbeitete Nahrungsmittel angeboten werden, stellen wir fest, dass Kinder oft keinen Bezug mehr zu den Lebensmitteln und deren Eigengeschmack haben. Viele Kinder sind nicht mehr in der Lage, dass sie die fünf Geschmacksrichtungen süß, sauer, salzig, bitter, würzig/scharf erkennen. Da wird sauer als salzig oder bitter empfunden. Deshalb ist es wichtig, dass Kinder schon frühzeitig an frische Lebensmittel und deren Geschmack herangeführt werden. Dadurch können auch kleine bäuerliche Erzeuger unterstützt werden, die natürlich und ohne Gentechnik produzieren.“

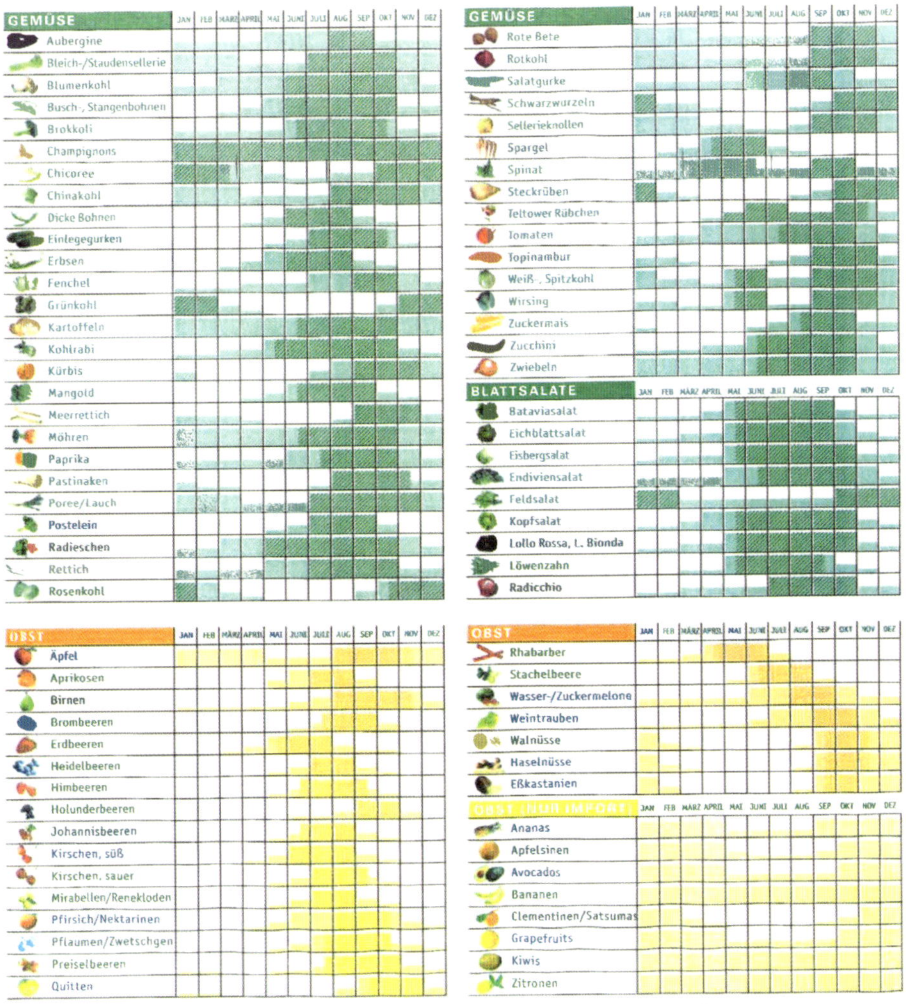

SAISONKALENDER

Jede Zeit hat ihre besonderen Genüsse. Deshalb sollte man seinen Gemüse- und Obstverzehr weitgehend nach dem Lauf der Natur ausrichten. Hier sollte man dann auch den regionalen und saisonalen Produkten immer den Vorrang geben. Über den Winter kann man auch gegebenenfalls seinen Obst- und Gemüsekorb mit Produkten aus den südlichen Gebieten bereichern. Im Saisonkalender können Sie sich genau informieren, welche Produkte zu welcher Zeit in unseren heimischen Regionen wachsen und gedeihen.

JAN | FEB | MÄRZ | APRIL | MAI | JUNI | JULI | AUG | SEP | OKT | NOV | DEZ

GEMÜSE: Aubergine, Bleich-/Staudensellerie, Blumenkohl, Busch-, Stangenbohnen, Brokkoli, Champignons, Chicoree, Chinakohl, Dicke Bohnen, Einlegegurken, Erbsen, Fenchel, Grünkohl, Kartoffeln, Kohlrabi, Kürbis, Mangold, Meerrettich, Möhren, Paprika, Pastinaken, Poree/Lauch, Postelein, Radieschen, Rettich, Rosenkohl

GEMÜSE: Rote Bete, Rotkohl, Salatgurke, Schwarzwurzeln, Sellerieknollen, Spargel, Spinat, Steckrüben, Teltower Rübchen, Tomaten, Topinambur, Weiß-, Spitzkohl, Wirsing, Zuckermais, Zucchini, Zwiebeln

BLATTSALATE: Bataviasalat, Eichblattsalat, Eisbergsalat, Endiviensalat, Feldsalat, Kopfsalat, Lollo Rossa, L. Bionda, Löwenzahn, Radicchio

OBST: Äpfel, Aprikosen, Birnen, Brombeeren, Erdbeeren, Heidelbeeren, Himbeeren, Holunderbeeren, Johannisbeeren, Kirschen, süß, Kirschen, sauer, Mirabellen/Renekloden, Pfirsich/Nektarinen, Pflaumen/Zwetschgen, Preiselbeeren, Quitten

OBST: Rhabarber, Stachelbeere, Wasser-/Zuckermelone, Weintrauben, Walnüsse, Haselnüsse, Eßkastanien

OBST (NUR IMPORT): Ananas, Apfelsinen, Avocados, Bananen, Clementinen/Satsumas, Grapefruits, Kiwis, Zitronen

Monate geringer Angebote – höhere Preise
Monate steigender/fallender Angebote
Monate starker Angebote – geringere Preise
Überwiegend aus einheimischem Freilandanbau

Wolfgang P. Menge

Den Saisonkalender gibt es als Download auch auf meinem Blog.

Wochenplan

Der Speiseplan der Villa Luna hat es mir immer insofern angetan, als dass alles so geplant und ausgewogen ist. Dabei ist er ganz einfach strukturiert. Montags gibt es Suppe, dienstags Nudeln, Mittwoch ist vegetarischer Tag, donnerstags gibt es etwas mit Fleisch und freitags meist Fisch. Sicherlich gibt es auch viele von Euch, die so etwas in der Art schon längst so praktizieren.

Jetzt passt das natürlich nicht identisch in jede Familie. Auf individuelle Bedürfnisse angepasst, ist ein Plan für die Woche aber eine sinnvolle Herangehensweise. Wir erstellen meist donnerstags einen groben Plan mit Gerichten für die kommende Woche und schreiben den Einkaufszettel. Das hilft im Übrigen beim Einkaufen nicht so viele unnütze Produkte zu kaufen, die man in der Woche vielleicht brauchen „könnte". Ich bin mir sicher, dass viele von Euch auch oft mit viel mehr Einkauf zurück nach Hause kommen, als eigentlich geplant war. Bei mir ist es am schlimmsten, wenn ich hungrig oder mit Appetit einkaufen gehe.

Ich muss allerdings zugeben, dass wir nicht jeden Tag der Woche planen, sondern nur drei bis vier Tage. Ein bisschen Flexibilität muss schon sein. So haben spontane Essen bei Freunden oder unterwegs immer noch genug Platz im Alltag. Und so soll sein.

Kochen und Essen mit Kindern – Selbst gemacht schmeckt einfach am besten

Klein anfangen

Früher habe ich immer schon meinem Vater und meiner Mutter beim Kochen geholfen. Ich habe immer unheimlich gerne das Gemüse geschnitten und war stolz, wenn es genau die Größe und Form hatte, die es haben sollten. So habe ich nicht nur viel gelernt, sondern auch die Zeit mit meinen Eltern genossen. Sicherlich können viele Küchenmaschinen heute das Kleinschneiden übernehmen. Aber darum geht es nicht.

Es geht darum, früh mit den Kindern Essen zuzubereiten. Am Anfang sehen sie vielleicht nur zu und probieren die Zutaten. Nach und nach haben sie aber auch Lust mitzuschneiden, zu schälen oder umzurühren. Natürlich sind für Kinder auch die Küchengeräte spannend und sie möchten gerne helfen. Dann solltet Ihr sie lassen. Natürlich nur unter Aufsicht und mit Hilfe. Ihr könnt auch günstige Schälmesser im Supermarkt kaufen, die Kinder einfacher bedienen können. Es gibt zahlreiche Möglichkeiten.

Wir haben in letzter Zeit einige Kindermesser ausprobiert. Sie waren alle toll und unsere Kinder konnten gut damit schneiden. Überlegt Euch, wobei Euch Eure Kinder ihrem Alter entsprechend helfen könnten und involviert sie. Auch wenn es nur kurz ist, Ihr werdet sehen, es macht Euch und den Kindern Spaß.

Selber anpflanzen
Selbst anpflanzen soll nicht heißen, dass Ihr einen Nutzgarten anlegen sollt. Nicht jeder hat logischerweise einen Garten, in dem er selbst anpflanzen könnte. Hier geht es darum, gemeinsam mit den Kindern z.B. frische Kräuter anzupflanzen. Das geht sogar auf einem Balkon. Ich bin in Berlin groß geworden und habe auf dem Balkon Möhren und Radieschen angepflanzt und sogar das hat zu meinem Erstaunen funktioniert. Die meisten von Euch haben in der Schule zugesehen, wie Kresse aus Kressesamen wächst. Und schmeckt so eine selbst gezüchtete Kresse nicht gleich viel besser, als gekaufte Kresse?

Wählerische Esser
Bei all der Mühe um gesundes und ausgewogenes Essen und den ständigen Versuchen, Kindern etwas Leckeres zuzubereiten: Es ist manchmal zum Verzweifeln. Kinder mögen nicht immer alles und viele Kinder mögen fast gar nichts. Hier lautet die Devise: nicht aufgeben, nicht verzweifeln und durchhalten. Beruhigend ist immer zu wissen, es geht den meisten Familien genauso. Wenn man manche Dinge einfach akzeptiert und versucht, das Beste daraus zu machen, ist das Leben für alle einfacher.

Hier mal eine kleine Auflistung an Ideen, wie man Kinder vielleicht doch ein wenig von gesundem Essen überzeugen kann:

Heute bleibt das Gemüse kalt
Gemüse wie Paprika, Mohrrüben, Kohlrabi und Gurken essen die Kinder wirklich gerne, aber am liebsten kalt als Snack. Warm nur sehr ungern, aber dazu gleich mehr.

Obst? Mag ich nicht! Oder doch?
Es gibt auch viele Kinder, die nur ungern Obst essen. Vielleicht mögen sie es aber als frisch gepresste Säfte oder Smoothies, die Ihr zusammen zubereitet habt. Und wenn man mal an seine eigenen Vorlieben denkt, ... ist nicht so ein geschälter, klein geschnittener Apfel, den man einfach nur in den Mund stecken muss, viel leckerer als ein ganzer Apfel? Verwöhnen wir die Kinder zu sehr? Ja! Aber warum nicht? Warum sollte es bei Kindern auch anders sein als bei meinen Kollegen. In unserem Obstkorb im Büro sind auch immer als Erstes die Weintrauben, Erdbeeren und Bananen weg. Ungeschnittene Äpfel liegen, bis es zum Schluss nichts anderes mehr gibt. In Spalten geschnitten sind die allerdings genauso schnell weg wie die Weintrauben. Ich verhalte mich da auch nicht anders. Genauso geht es unseren Kindern auch.

Noch besser funktioniert es, wenn Ihr Eure Kinder beim Obstschneiden mit einbindet. Gemeinsam Obstspieße basteln oder endlich mal das Messer von Mama oder sogar das eigene ausprobieren. Das macht nicht nur Spaß, sondern es finden viele Obststücke schon den Weg in den Mund, bevor sie den Spieß erreicht haben. Hinzu kommt der stolze Blick, wenn Eure Kinder ihren ersten Spieß selbst erstellt haben. Da geht einem das Herz auf.

Und wenn auch das alles nichts hilft, gibt es zahlreiche Fruchtpacks zum Aussaugen im Supermarkt oder in der Drogerie. Die sind zwar teuer, aber vielleicht ist da eine Sorte dabei, die einem kleinen Obstgegner schmeckt.

Iiiieeehhh! Da ist was Grünes im Essen! Das esse ich nicht!
Wer kennt das nicht? Sobald meine Kinder Petersilie oder andere grüne Kräuter im Essen finden, mögen sie es nicht. Auch Probieren ist dann eine große Herausforderung.

Komischerweise finden viele Kinder Pesto lecker. Auch wenn da nun wirklich viel Grün enthalten ist. Genauso ist es bei warmem Gemüse. Tomatensauce ist beliebt, aber bitte keine warmen Tomaten- oder Paprikastücke im Essen.

Sicherlich möchte man als Eltern jetzt nicht ab sofort alles pürieren. Aber wenn man das im Hinterkopf behält, könnt Ihr die Kinder immer mal wieder auch von den Stücken probieren lassen und ansonsten das Pürierte auftischen. Irgendwann kommt der Tag und Eure Kinder mögen auch die Stücke.

Immer wieder probieren lassen – das ist die Devise. Nicht verzweifeln. Es geht nahezu allen Eltern mit Kindern im Kindergarten- und Grundschulalter so.

Ich bin davon überzeugt, wenn Ihr den Kindern Spaß an gesundem und frischem Essen vorlebt, werden es Eure Kinder auch irgendwann genießen können. Bis dahin lasst sie immer mal wieder probieren, mitkochen und mitplanen, dann wird das schon.

Viel Spaß beim gemeinsamen Kochen und Essen mit Eurer Familie und Euren Freunden.

Eure Nicole

Vielen Dank!

Dieses Buch wäre niemals zustande gekommen ohne die vielen, die mich dabei unterstützt haben.

Vielen Dank vor allem an meinen Mann und meine Kinder. Ohne meinen Mann und unsere Kinder wäre dieses Buch niemals so schön und die Gerichte nie so schmackhaft geworden. Und ohne die Ausdauer der Kinder sowieso nicht. Denn man muss es ja mal realistisch sehen: Ich bin keine Meisterköchin. Beim Ausprobieren der Rezepte ist das eine oder andere schiefgegangen.

In der Endphase haben alle drei viel Geduld mit mir gehabt. Ich bin froh, so eine tolle Familie zu haben, die wirklich die ganze Zeit hinter mir stand. Ohne Euch hätte ich es nicht geschafft. Ich liebe Euch!

Vielen Dank auch an meinen Vater, von dem ein paar unserer Lieblingsgerichte in diesem Buch sind. Gerichte, die ich als Kind gerne mochte, mögen meine Kinder auch und jedes Mal, wenn wir zu Besuch sind, steht mindestens eins davon auf unserer Wunschliste. Ich finde es schön, wenn Rezepte von Generation zu Generation weitergegeben werden und so zu Familienrezepten werden.

Vielen Dank an Herrn Dr. Reul und die Leiterinnen der jeweiligen Kitas, die den Köchen die nötige Zeit gegeben haben, mich zu unterstützen. Und natürlich ein großes Dankeschön an die Köchinnen und Köche der Villa Luna. Hier insbesondere Heike, Olli, Günther, Sven, Jessie und Silvia, die neben ihrer täglichen Arbeit für mich die Rezepte aufgeschrieben haben und mir tolle Unterstützung bei meinen Rückfragen gegeben haben.

Danke auch an Fabian Nowak. Bei ihm habe ich sofort gemerkt, dass er genau der richtige Mediengestalter für dieses Buch ist. Es ist wirklich eine tolle Erfahrung gewesen, dass er anscheinend genau merkt, was mir gefällt und wie dieses Buch werden soll. Er hat wirklich tolle Ideen und für die Gestaltung hätte ich keinen besseren Mediengestalter finden können. Jedes Mal, wenn er mir etwas Neues gesendet hat, war ich sofort begeistert und wir mussten nur sehr wenig anpassen! Vielen Dank Fabi, dass Du mir mein erstes Buch so einfach gemacht hast.

Vielen Dank auch an Udo Frohn und sein Team von Dialog-Team Fienhold für die Beratung bei der Papierauswahl und der Unterstützung beim Druck des Buches.

Den Mamas und Papas möchte ich danken, die es erlaubt haben, dass wir die Fotos ihrer Kinder verwenden dürfen. Insbesondere denjenigen, die bei unserem Kochkurs dabei waren.

Danke auch an Euro-Toques Deutschland e.V., die uns freundlicherweise ihren Saisonkalender zur Verfügung gestellt haben. Bei Euro-Toques Deutschland e.V. engagieren sich über 3.000 Spitzenköche für die Ziele von Euro-Toques. Vor allem geht es um die Verwendung jahreszeitlicher und frischer, unverfälschter Produkte und traditioneller Rezepte, um den Fortbestand regional erzeugter Produkte und die Vielfalt des europäischen kulinarischen Erbes zu erhalten.

Vielen Dank an meine Freundinnen Uta und Birgit, die einige meiner Texte gegengelesen haben, und an meine anderen Freundinnen und Freunde, und all die vielen anderen, die mir bei der Erstellung des Buches immer wieder Mut zugesprochen haben.

Ohne Euch alle hätte es das Kochbuch nie gegeben!
Vielen Dank.

Eure Nicole